财经新知文丛·体验系列

U0656564

体验绿色消费

孙泽华　编著

中国财经出版传媒集团

经济科学出版社
Economic Science Press

图书在版编目（CIP）数据

体验绿色消费／孙泽华编著. —北京：经济科学出
版社，2018.2
（财经新知文丛. 体验系列）
ISBN 978 - 7 - 5141 - 9137 - 0

Ⅰ. ①体… Ⅱ. ①孙… Ⅲ. ①绿色消费 - 基本知识
Ⅳ. ①C913.3

中国版本图书馆 CIP 数据核字（2018）第 047537 号

责任编辑：白留杰　侯晓霞
责任校对：杨晓莹
责任印制：李　鹏

体验绿色消费

孙泽华　编著
经济科学出版社出版、发行　新华书店经销
社址：北京市海淀区阜成路甲 28 号　邮编：100142
教材分社电话：010 - 88191345　发行部电话：010 - 88191522
网址：www. esp. com. cn
电子邮件：houxiaoxia@ esp. com. cn
天猫网店：经济科学出版社旗舰店
网址：http://jjkxcbs. tmall. com
北京财经印刷厂印装
880 × 1230　32 开　6.5 印张　170000 字
2018 年 2 月第 1 版　2018 年 2 月第 1 次印刷
ISBN 978 - 7 - 5141 - 9137 - 0　定价：20.00 元
（图书出现印装问题，本社负责调换。电话：010 - 88191510）
（版权所有　侵权必究　举报电话：010 - 88191586
电子邮箱：dbts@ esp. com. cn）

编委会名单

主　编　刘明晖　梁　峰

成　员（按姓氏笔画排序）

王　涛　　田娟娟　　白留杰

孙泽华　　李晓庆　　邱晓文

张　芳　　郑琳琳　　段永军

贾玉衡　　郭　莹　　梁　爽

总　　序

　　党的十八大以来，以创新、协调、绿色、开放、共享为核心的新发展理念日益深入人心。五大发展理念，符合中国国情和发展阶段的基本特征，顺应了时代要求，指明了"十三五"乃至更长时期我国的发展思路、发展方向和发展着力点。深入理解、准确把握新发展理念的科学内涵和实践要求，对于我国破解发展难题，厚植发展优势，实施乡村振兴战略，实现"两个一百年"奋斗目标，具有重大现实意义和深远历史意义。

　　创新是引领发展的第一动力。发展动力决定发展速度、效能、可持续性。树立创新发展理念，就必须把创新摆在国家发展全局的核心位置，不断推进理论创新、制度创新、科技创新、文化创新等各方面创新，让创新贯穿党和国家的一切工作，让创新在全社会蔚然成风。

　　协调是持续健康发展的内在要求。树立协调发展理念，重点在于促进城乡区域协调发展，促进经济社会协调发展，促进新型工业化、信息化、城镇化、农业现代化同步发展，在增强国家硬实力的同时注重提升国家软实力，不断增强发展整体性。

　　绿色是永续发展的必要条件和人民对美好生活追求的重要体现。绿色发展，就是要解决好人与自然和谐共生问题，就是要走生产发展、生活富裕、生态良好的文明发展道路,推动清洁生产和绿色消费,加快建设资源节约型、环境友好型社会,形成人与自然和谐发展的现代化建设新格局,推进美丽中国建设,为全球生态安全做出新贡献。

开放是国家繁荣发展的必由之路。树立开放发展理念,就是要顺应我国经济深度融入世界经济的趋势,奉行互利共赢的开放战略,推动"一带一路"国际合作,积极参与全球经济治理和公共产品供给,提高我国在全球经济治理中的话语权,推动构建人类命运共同体。

共享是中国特色社会主义的本质要求。共享发展就要让全体人民共享国家经济、政治、文化、社会、生态文明各方面建设成果。树立共享发展理念,就是要坚持发展为了人民、发展依靠人民、发展成果由人民共享,做出更有效的制度安排,使全体人民在共建共享发展中有更多获得感,增强发展动力,增进人民团结,朝着共同富裕方向稳步前进。

五大发展理念,是我国引领中长期发展的理念。创新发展,是我国经济进入新常态后培育新动力的必然选择;协调发展,是缩小发展差距,解决地区之间、城乡之间发展不平衡的重要举措;绿色发展,是协调人与自然关系、还人民群众一个天蓝地绿水清的宜居环境的客观要求;开放发展,是统筹国内外发展,由"追赶""跟随"到"引领"并为世界发展贡献中国智慧的必由之路;共享发展,是让人民有更多获得感、让群众生活更美好的重要途径。

为了使读者深入理解和准确把握新发展理念的科学内涵,了解新发展理念在实践中的具体运用,我们响应党和国家关于"全民阅读"的系列计划与行动倡议,组织有关专家编写了这套"财经新知文丛"书系。"文丛"为开放性通俗读本,结合读者对于财经问题的关切,分别以不同的主题系列陆续推出。

　　"财经新知文丛·体验系列"首批共推出八本，具体包括：《体验"一带一路"》《体验双创生活》《体验微型金融》《体验绿色消费》《体验智慧城市》《体验微商经营》《体验特色小镇》《体验健康服务》。本丛书分别从不同的视角，展示新发展理念的生动实践，以及对我们日常生活的影响，对于开拓我们的视野，启迪我们的智慧，丰富我们的生活，将有很大的帮助。今后，我们还将根据社会发展和广大读者的需要，进一步推出新的内容。

　　为了能使读者在获取知识的同时享受阅读的快乐，本丛书遵循了以下原则。

　　1. 内容上力争积极、正面、严谨、科学，使读者在获取相关知识的同时在思想上有所启迪。

　　2. 形式上力求用较为通俗易懂的语言，深入浅出地介绍通识性知识、讲述基础性内容，使读者在获取知识的同时体验阅读的愉悦感。

　　3. 结构上避免专著与教材的呆板模式，按"问题"方式展开全书内容，适当插入一些"专家论道"和"百姓茶话"等小资料，使版式设计宽松活泼，让读者在获取知识的同时体验阅读的舒适感。

梁　峰

2018 年 2 月

前　　言

　　气候变化、资源危机、环境恶化是 21 世纪以来人类面临的三个巨大挑战，雾霾天气、温室效应等现象日趋恶化，工业废水、废气等污染物排放量急剧增加，给人类的生存和生态系统的维护带来巨大的挑战，成为全人类共同关注的重大问题。在我国经济增速日益放缓、资源约束逐渐趋紧、生态压力不断加强的现实背景下，提升居民环境意识，倡导绿色消费行为，实现生活方式绿色化具有非常重要的现实意义。

　　随着社会经济的快速发展和人类文明的进步，消费结构和层次也有所变化，人们的消费需求也在逐渐转变。1962 年，美国海洋生物学家蕾切尔·卡逊（Rachel Carson）在其《寂静的春天》（*Silent Spring*）一书中，揭露了农药污染对自然环境中一切生命包括人类的严重危害，给人类发展敲响了警钟，唤醒了世人的环境意识。到 20 世纪 80 年代，各国逐渐认识到节约资源、保护生态环境的重要性。德国率先提出"蓝色天使"计划，美国、加拿大、日本、法国、荷兰、新加坡、瑞士、澳大利亚等国紧随其后，先后出台和实施了各自的环境标志制度。罗马俱乐部发表《增长的极限》报告，英国掀起"绿色消费者运动"，世界环境与发展委员会、联合国环境与发展大会、世界自然保护基金会等组织和机构也先后提出绿色消费、可持续发展等概念和模式，可见绿色发展的重要性和紧迫性。

随着我国生态文明建设的逐步推进，绿色发展理念的贯彻落实，"绿色消费""绿色经济"等概念日益凸显，"践行绿色生活"的倡导不时出现在报刊及各种绿色活动中。近年来，党中央国务院对于"生活方式绿色化"的问题也高度重视，在各种重要文献中不断强调"建设资源节约型和环境友好型社会""节约优先、绿色消费""建设生态文明""推动形成绿色发展方式和生活方式"等。环境保护部还专门出台了《关于加快推进生活方式绿色化的实施意见》，强调力争到 2020 年公众要基本养成绿色生活方式习惯。党的十八届五中全会提出了创新、协调、绿色、共享、开放的五大发展理念。李克强总理在 2016 年政府工作报告中阐述"十三五"主要目标任务和重大举措时，强调要"推动形成绿色生产生活方式，加快改善生态环境"。这其中的"绿色发展理念"是生态文明建设在新形势下的最新理论成果，体现在人们生活中就是要求推进生活方式绿色化。所谓生活方式绿色化，就是将尊重自然、珍惜生命，追求人与自然、社会和谐共生的绿色发展理念融入生活方式中，使人们满足自身生活需要的全部活动形式和行为模式，朝着勤俭节约、低碳绿色、文明健康的方向转变。

但在实际生活中，推进生活方式绿色化可谓步履维艰，由于多数消费者的绿色消费意识不足，能自觉践行绿色生活方式的人并不多，非绿色的消费方式依然比比皆是。比如，在生活中大量使用一次性筷子、纸杯、餐盒等用品，购买过度包装的商品，频繁更换手机、电脑、电视等电子产品，未对生活垃圾进行可回收与不可回收的区分等，形成大量无从处理的垃圾。如何才能使公众充分认识生活方式绿色化的意义，怎样克服绿色化生活方式推进中面临的难题，如何促使公众自觉地践行绿色化生活方式，是我们必须研究的重要课题。

在全社会倡导追求可持续的、绿色的发展，推进生活方式绿色化意义重大。绿色消费主张消费者在消费的过程中注重考虑其行为对于生态环境所产生的影响，是一种新型的消费。本书主要从消费者视角来研究绿色消费，主要涉及绿色食品、衣着、用品、居住、出行、环境等方面的绿色消费，希望能够帮助消费者认清绿色产品，践行绿色消费，向勤俭节约、绿色低碳、文明健康的生活方式转变。绿色消费需要每个人从点滴行动、日常生活做起，从采购节能低碳环保产品，减少一次性用品的使用，节约一张纸、一滴水、一度电等小事做起，培养生态环保、勤俭节约的绿色消费观念、意识和行为。

消费者践行绿色消费不仅关乎个人，也关乎整个社会经济发展。消费者是驱动绿色消费的关键因素，消费者生态意识的觉醒和对绿色消费的积极态度能够推动消费升级，从需求侧倒逼产业结构的绿色化发展，而知识创新、产品创新能够带动消费环境和消费模式的创新，最终实现全社会的绿色消费和绿色生活方式，确保我国在经济快速发展的同时，实现人与自然的和谐发展。

孙泽华

2018 年 1 月于丹东

目　　录

问题一 什么是绿色消费

工业文明为人类创造了丰厚的物质财富，也使人类陷入了前所未有的困境，面临着人口、环境与资源、经济与社会发展失衡的严峻挑战。人类开始意识到经济快速发展的同时，付出了环境污染、生态破坏的沉重代价。消费是拉动经济的重要支撑，也是人们的最终需求。在全球共同应对生态危机的背景下，人们的生态意识开始觉醒，绿色消费成为缓解资源环境约束的重要措施。绿色消费坚持人与自然的和谐统一，主张在满足人类基本需求的条件下，实现消费的健康性、安全性、适度性与持续性。绿色消费模式体现了人们对生态环境问题的深刻认识，意识到自然界对自身生存及发展的重要性，是人类消费模式转变的必然趋势。绿色消费也是激发经济增长、助推经济转型升级、缓解资源环境约束，实现全面协调可持续发展的必要条件。绿色消费不仅从需求侧倒逼产业结构的绿色化发展，也能够有效地降低对环境的污染，降低个人生活对生态造成的负面影响。作为一种新型的、可持续的消费模式，绿色消费以适度节制消费达到避免或减少对环境的破坏，崇尚自然和保护生态等为特征，逐步成为政府、企业、消费者等多个领域关注的焦点。

一、绿色消费的提出

（一）绿色消费的应运而生

马克思在《资本论》中讲到资本主义大工业和城市的发展所产生的影响时曾经指出：大工业"一方面聚集着社会的历史动力，另一方面又破坏着人和土地之间的物质变换……从而破坏土地持久肥力的永恒的自然条件"。[①] 自然资源并非无限的，许多资源本身是不可再生的，因此人类从自然界获取物质资料时，要以自然的再生产能力为前提，否则这些资源将消耗殆尽。同时，人类在生产生活过程中的排出物，要以自然的"净化"能力为限，否则就会污染环境。

1944 年，英国的卡尔·波兰尼所著的《大转型》一书中首次提及"生态消费"的概念，并指出不合理的消费方式是环境污染、生态破坏问题严重的根本原因。这被看作绿色消费思想的起源，其中的观点也得到了广泛的支持。

1962 年，美国海洋生物学家蕾切尔·卡逊（Rachel Carson）利用 4 年时间，调查了使用化学杀虫剂对环境造成的危害后，出版了《寂静的春天》一书。该书以大量的事实揭露了农药污染对自然环境中一切生命包括人类的严重危害，指出人类用自己制造的毒药来提高农业产量，无异于饮鸩止渴，给人类发展敲响了警钟，唤醒了世人的环境意识。

1968 年 3 月，美国国际开发署署长 W. S. 高达在国际开发年会上发表了《绿色革命——成就与担忧》的演讲，首先提出了"绿色革命"的概念。从此，"绿色"一词就越来越多地出现在人

[①] 马克思. 资本论（第 1 卷）[M]. 北京：人民出版社，2004：578.

们面前，越来越多的认识到生态、能源、人口三者协调发展的重要性。

1971 年，加拿大工程师戴维·麦克塔格特发起成立了绿色和平组织，其使命是："保护地球、环境及其各种生物的安全及持续性发展，并以行动作出积极的改变。"

1972 年，国际性民间学术团体罗马俱乐部提交了它的第一个研究报告——《增长的极限》。该报告对处于高增长、高消费的"黄金时代"的西方世界发出了关于"人类困境"的预言。如果西方世界仍以现在这种方式发展下去，那么西方的"黄金时代"将很快消失，世界也将陷入不可挽救的困境之中。报告指出各国在追求经济发展的同时，也应该留意自然生态的平衡，否则将会面对成长的极限，提醒世人重视资源的有限性和地球环境破坏问题。这一预言在当时引起了一片哗然，促使更多的人加入到环境保护中去，绿色运动也得到较为广泛的发展。

1987 年，英国学者约翰·艾尔金顿（John Elkington）和朱利亚·海尔斯（Julia Hailes）在《绿色消费者指南》一书中第一次提出了"绿色消费"概念。他们列出了一个避免消费的产品清单，将绿色消费定义为避免使用有害于人体健康、生产过程及生产残余物处理过程对环境有害的产品；避免使用生产过程、使用过程会大量消耗资源以及过度包装的产品；避免使用一次性产品和稀有动植物制成品；避免对别国发展造成不利影响。

1987 年，世界环境与发展委员会（WECD）在其《我们共同的未来》报告中正式提出可持续发展的概念和模式，"可持续发展"被定义为"既满足当代人的需求又不危害后代人满足其需求的发展"，是一个涉及经济、社会、文化、技术和自然环境的综合的、动态的概念。这一概念从理论上明确了发展经济同保护环境和资源是相互联系、互为因果的观点。

1992 年，联合国环境与发展大会在里约热内卢召开，共 175 个国家参加。会议制定的《21 世纪议程》明确提出"所有国家均应全力促进建立可持续的消费形态"，保持环境和可持续发展得到了国际社会的广泛共识。世界各国按联合国要求，依据《21 世纪议程》的框架制定了各自的可持续发展战略，并付诸实施。"绿色消费"被视为是达成全球永续发展目标之重要工作。

联合国环境署 1994 年在肯尼亚首都内罗毕发表的报告《可持续消费的政府因素》中，将"绿色消费模式"定义为能够满足人类基本需求的产品及服务，减少资源及有毒材料的使用量，减少产品生产及使用过程中产生的污染及废弃物，延长产品使用周期，不对子孙后代的需求产生威胁，进而能够提高人类的生活质量。

1994 年，在挪威奥斯陆召开的"可持续专题研讨会"上，许多专家指出不能孤立地理解和处理绿色消费模式，它是一个很长的连接环，连接着从资源采掘、原料提取、预处理、制造、产品生命周期、影响产品购买、使用、最终处理等诸因素的一长串环节，且每个环节对生态的影响又可能是多方面的。

1994 年，联合国报告使用了"可持续消费"这一表述，明确要求当代人的消费不能依靠损害子孙后代消费需求的方式来获得满足。

2002 年，世界自然保护基金会（WWF）发表名为《活着的地球》的报告中称，如果人类不减缓当前对自然资源的消耗，依照现在的速度和人口增长的幅度，未来人类将以每年 20% 的速度增加对自然资源的透支，到 21 世纪中期，人类对自然资源的消耗将是地球承载生物潜力的 1.8～2.2 倍，也就是说，在不远的将来，人类可能需要两个地球才能满足其对自然资源的需求。

2009 年 12 月，丹麦哥本哈根召开了气候大会，政府的高度重视和媒体的广泛传播，使得气候变化、低碳经济、低碳生活等理念变得家喻户晓起来。低温、干旱、洪水等极端气候现象的频繁发生也使得各国消费者切身感受并充分认识到进行绿色消费的必要性，绿色消费理念在世界各国得到更为广泛的普及与宣传。

2012年，联合国环境署把第41个世界环境日的主题定为"绿色经济，你参与了吗?"，其目的在于引导人们将绿色经济的思想贯彻到日常生活中的点点滴滴，从而带动社会的良性转变，满足人们日益增长的消费需求。

2014年6月，首届联合国环境大会在肯尼亚首都内罗毕举行。大会以"落实《2030年可持续发展议程》中的环境目标"为主题，为提升全球绿色发展和可持续发展搭建了对话平台，号召各国采取共同行动应对当今世界所面临的环境挑战。

2015年12月12日，联合国气候大会巴黎会议通过《巴黎协定》，近200个缔约方通过了具有历史意义的全球气候变化新协议。《巴黎协定》成为历史上首个关于气候变化的全球性协定，成为全球气候治理进程的关键节点，传递出全球将实现绿色低碳、气候适应型和可持续发展的强有力积极信号。

2016年9月，世界领导人在中国杭州的G20峰会发布公报，强调动员绿色金融的重要性。中国首次把绿色金融议题引入二十国集团（G20）议程，成立绿色金融研究小组。目前已形成了《G20绿色金融综合报告》，明确了绿色金融的定义、目的和范围，以及面临的挑战，并为各国发展绿色金融献计献策，支持全球经济向绿色低碳转型。

2017年12月5日，联合国环境署发布了《前沿报告》，具体研究了六大新兴问题：抗生素耐药性环境层面的影响；纳米材料；海洋保护区与可持续发展；沙尘暴；太阳能解决方案和环境移民。

越来越多的国家、政府、组织和机构认识到传统消费模式存在的弊端，反对过度消费。"绿色消费""可持续消费""生态消费""低碳消费"等概念和思想都倡导进行适度消费，在消费的过程中注重考虑其行为对于生态环境所产生的影响，是一种新型的消费模式。绿色消费理念在全球范围内得到大力倡导和广泛传播，唤醒了人们的环保意识，认识到节约资源、保护生态环境的重要性，努力实现资源合理利用、实现社会经济发展与自然生态环境平衡。

（二）绿色消费在我国的提出

1994 年，我国在世界上率先制定了《中国 21 世纪议程——中国人口、环境与发展白皮书》，共分为 20 章，其中前几章内容与可持续发展有关，之后的几章例如人口、居民消费和社会服务，可持续能源的生产与消费，自然资源保护与可持续利用，生物多样性保护，荒漠化防治，防灾减灾，保护大气层，固体废弃物的无害化管理，团体及公众参与可持续发展的内容与环境问题和绿色消费密切相关。

我国早在 1996 年就制定了《中国跨世纪绿色工程规划》，这是我国 1996～2010 年的环境工程规划，将环境保护纳入了国民经济的计划中。规划要求到 20 世纪末基本上可以实现遏制生态破坏、环境污染问题不断加剧的目标，并在 2010 年得以实现生态环境保护的总体目标。该规划共分为三期，历时 15 年。

我国《国民经济和社会发展第十个五年计划纲要》提出了关于"重视生态建设和环境保护，实现可持续发展"的战略目标。

2005 年 10 月，党的十六届五中全会首次提出建设资源节约型和环境友好型社会，并将其作为具有重要战略意义的任务之一。从此，我国致力于资源节约型、环境友好型社会建设，努力实现经济与资源、环境的协调发展。

　　2010 年，党的十七届五中全会明确提出树立绿色、低碳发展理念，推广绿色建筑、施工，发展绿色经济、绿色矿业，推广绿色消费模式，政府实行绿色采购，坚持绿色发展道路。

　　我国环境保护部响应联合国倡导绿色经济的号召，将 2012 年的环境日主题定为"绿色消费，你行动了吗?"，以强调绿色消费理念，呼吁公众转变消费观念与行为，购买绿色商品，节约能源与资源，注重环保，共建绿色家园。

　　2015 年 11 月，我国环境保护部发布《关于加快推动生活方式绿色化的实施意见》，意见明确提出将"节约优先、绿色消费"作为加快推动生活方式绿色化的基本原则之一，同时强调"绿色消费是生活方式绿色化理念的支撑……要通过绿色消费倒逼绿色生产，为全社会生产方式、生活方式绿色化贡献力量"。

　　《国民经济和社会发展第十二个五年规划纲要》明确要求坚持建设"两型"社会，注重生态环境保护，推动绿色消费不断发展。《纲要》指出要推动生产、消费与流通领域的循环发展，促进生产、消费环节的全面发展，把循环经济发展的重点之一放在生活与消费环节，以实现全面建设小康社会的宏伟目标。因此，倡导消费者在选购商品时，选择绿色商品，政府实行绿色采购，注重节约资源、保护生态环境，促进绿色消费的发展。

　　中国共产党第十七次全国代表大会第一次将"建设生态文明"写入报告。生态文明的建设是项涉及面非常广的工程，涵盖人与自然、社会方面的各要素，需要逐渐转变人类的行为与观念，重视合理、适度地利用自然并采取行之有效的保护措施，创新当前的核算体系及相关制度。党的十七大报告建设生态文明的艰巨任务与发展绿色消费具有共同的目标。

　　中国共产党第十八次全国代表大会报告中第一次单篇地论述了"生态文明"，提出"推进绿色发展、循环发展、低碳发展"

"建设美丽中国"。时任商务部部长陈德铭接受记者采访时明确表示，此后商务部将从绿色消费等六个方面来扩大消费，引导绿色消费，包括可再生资源的回收利用以及绿色产品的普及，以推动消费者选购绿色产品。

中国共产党第十九次全国代表大会报告明确提出，建设生态文明是中华民族永续发展的千年大计。必须树立和践行"绿水青山就是金山银山"的理念，坚持节约资源和保护环境的基本国策，像对待生命一样对待生态环境，统筹山水林田湖草系统治理，实行最严格的生态环境保护制度，形成绿色发展方式和生活方式，坚定走生产发展、生活富裕、生态良好的文明发展道路，建设美丽中国，为人民创造良好生产生活环境，为全球生态安全做出贡献。

近年来，世界各国都在积极地追求可持续的、绿色的发展。绿色消费这一理念的提出，与当前世界面临的共同问题以及我国国内的具体背景密不可分。在全球生态危机的大背景下，绿色消费理念应运而生，指导着我们朝着人与环境共赢的方向发展。人类的发展必须遵循生态系统的自然法则，合理有效地利用自然与社会调控机制，并借助于人的主观能动性，建立和谐的人与自然关系，从而实现保障生态系统有序演化、人类社会不断发展的双重目的。

【专家论道】

地球的确在变暖，低碳减排迫在眉睫

近年来雾霾天气、温室效应等现象日趋恶化，全球极端天气事件，尤其是高温事件频发。据世界气象组织（WMO）数据分析显示，2015 年全球地表温度达到自 1880 年以来的最高点，2011～2015 年是有记录以来的最暖五年，大约高出 1961～1990 年标准参照期平均值 0.57℃。2016 年美国国家航空航天局（NASA）数据显示，2016 年 7 月是有温度记录以来最热的一个月。7 月的平均地表温度达 16.4℃，比 20 世纪平均地表温度高 0.9℃。科威特 7 月最高温度达 54℃，打破了世界高温纪录。

气候变暖的事实已经毋庸置疑，到底是什么原因导致气候变化？世界气象组织发言人克莱尔·努利斯表示："2015 年全球地表温度可能是有记录以来的最高纪录，这是强厄尔尼诺现象和人类活动引发的全球变暖造成的。"

政府间气候变化专门委员会（IPCC）发布的《气候变化2013：自然物理基础》报告指出，人类活动极有可能是 20 世纪中期以来全球气候变暖的主要原因，可能性在 95% 以上。该报告显示，1979～2012 年北极海冰面积以每 10 年 3.5%～4.1% 的速率加速减少；1880～2012 年，全球海陆表面平均温度呈线性上升趋势，升高了 0.85℃；2003～2012 年平均温度比 1850～1900 年平均温度上升了 0.78℃；1901～2010 年，全球平均海平面上升了 19 厘米。报告预计，到 21 世纪末，海平面将上升 0.2 米至 1 米，中间值是 0.6 米。报告估算到 21 世纪末，全球变暖的增幅在 0.3℃～4.8℃，在温度升幅最低的情形下，到 21 世纪末气温将比 1850～1900 年上升 1.5℃ 以上，而在温度升幅最高的情形下，将上升 2℃ 以上。

气候变暖、冰川融化、海平面上升、极端天气事件发生的频次和强度增加，日益威胁人们的生存和经济的发展。应对气候变化的紧迫性日益增强，我们必须共同努力，进一步采取减排行动，应对危机。这不仅是各级政府的职责，也是每个人的责任。我们要从身边事情做起，践行低碳生活，少开车、低碳出行、使用节能灯泡、随手关灯……通过这些具体行动减少温室气体和污染物排放，保护气候，为建设美丽家园做出贡献。

资料来源：气候专家解读 IPCC 第五次评估报告第一工作组报告 [EB/OL]. http://www.gov.cn/fwxx/kp/2013－10/08/content_ 2501790. htm.

二、绿色消费的含义

（一）绿色消费的内涵

绿色消费的概念由国际消费者联盟于 1963 年提出。1987 英国学者约翰·埃尔金顿（John Elkington）和朱莉娅·黑尔斯（Julia Hailes）出版的《绿色消费指南》一书中将绿色消费定义为：（1）不购买危害消费者和他人健康的商品；（2）不购买在生产、使用和丢弃时，造成大量资源消耗的一次性商品；（3）不购买因过度包装，超过商品本身价值或是使用周期过短而造成不必要消费的商品；（4）不购买用稀有动物或自然资源制造的商品；（5）含有对动物残酷或不必要的剥夺而生产的商品；（6）对其他国家尤其是发展中国家有不利影响的商品。

肯·毕提（Ken Peattie，1992）将绿色消费定义为：消费者购买环境冲击最小商品，以达到消费目的以及减少对环境之伤害，亦即以可持续的和更负责任的消费方式来消费。该定义指出绿色消费是可持续和负责任的消费方式，是消费者意识到环境问题之后在实现购买目的和减少环境损耗之间的有效兼顾。

联合国环境规划署在 1994 年的报告《可持续消费的政策因素》中指出，绿色消费是提供的商品既能够符合消费者的要求、可以有效满足消费欲望，又不危害后代需求的消费方式。

国际上对"绿色"的理解通常包括生命、节能、环保三个方面。国际上公认的绿色消费有三层含义：一是倡导消费者在消费时选择未被污染或有助于公众健康的绿色产品；二是在消费过程中注重对废弃物的处置；三是引导消费者转变消费观念，崇尚自然、追求健康，在追求生活舒适的同时，注重环保、节约资源和能源，实现可持续消费。

我国绿色工作室关于绿色消费含义的观点是：绿色消费是指一种在注重所进行的消费对于生态环境所产生的影响基础上，以促进社会生产力的发展、提高人民生活水平的新思想。我国消费者协会在 2001 年提出绿色消费，主要是指"在社会消费中，不仅要满足我们这一代人的消费需求和安全、健康，还要满足子孙万代的消费需求和安全、健康"。

2016 年 3 月中国国家发展改革委等 10 个部门制定发布了《关于促进绿色消费的指导意见》，其中对绿色消费做了详细的解释：是指以节约资源和保护环境为特征的消费行为，主要表现为崇尚勤俭节约，减少损失浪费，选择高效、环保的产品和服务，降低消费过程中的资源消耗和污染排放。

一些环保专家把绿色消费概括成"5R"，即节约资源，减少污染；绿色生活，环保选购；重复使用，多次利用；分类回收，循环再生；保护自然，万物共存等方面。

绿色消费包括的内容非常宽泛，不仅包括绿色产品，还包括物资的回收利用、能源的有效使用、对生存环境和物种的保护等，可以说涵盖生产行为、消费行为的方方面面。从全生命周期的角度，绿色消费涉及生产、流通、消费和处置等生命周期过程。

1. 生产过程。绿色消费得以推行的前提是生产者通过生态设计、清洁生产等过程生产出符合要求的绿色产品及服务。

2. 流通过程。由于绿色产品具有不同于普通产品的资源环境特性，因此其在进入市场之前除了要经过常规的物流等环节外，还需要获得能够表明"身份"的绿色产品认证，如产品类别的确定、环境标志和产品标准的制定、认证程序等。此外，考虑到绿色消费所提出的节约资源和保护环境的要求，传统物流环节也需要向"绿色化"转变，即发展绿色物流。

3. 消费过程。为了引导消费者在消费过程中优先选择服务、积极选择采购绿色产品、践行绿色消费行为，消费过程的推行工作应主要包括：运用宣传与教育手段来培养消费者的绿色消费意识，为消费者提供绿色产品价格补贴，通过制定市场准入和退出标准、严厉打击假冒伪劣绿色产品等方式来规范绿色产品市场秩序。

4. 处置过程。根据绿色消费理念，消费者必须对使用报废的产品进行安全处置。这种安全处置既包括将具有再使用或再生利用价值的废旧产品送入一个安全、高效、环境友好的回收渠道，也包括将垃圾送入安全的处置渠道。

根据消费过程划分，绿色消费包括三方面的内容：绿色购买行为、绿色使用行为和绿色处置行为。其中，绿色购买行为主要表现为对绿色产品的购买；绿色使用行为主要包括节电、节水、避免开车、使用环保袋等不涉及产品购买和处置的消费者环保行为；绿色处置行为主要表现在对物品的回收再利用上。

"绿色消费"的定义方式多种多样，不同学科从多个层面对其进行描述和解释。从环境学角度讲，是指人类消费活动无害于环境，即"无污染消费"。从资源学角度讲，是指人类的消费活动应该适度和综合利用自然资源，即可持续消费。从生态学角度讲，是指人类的消费活动应符合生态系统物质和能量流通规律，人类消费既满足人类营养和其他方面的需要，提高生态经济效益，又不至于造成生态经济学上的浪费，即经济消费。从健康学角度讲，人类消费要符合健康需求，倡导消费者在消费时选择未被污染或有助于公众健康的绿色产品，即安全消费。

从购买视角定义绿色消费，是指消费者在购买时至少一部分从环境、社会的角度考量采取购买或非购买行为，是以节约资源和保护环境为特征，具有生态意识的、高层次的理性消费行为，主要表现为崇尚勤俭节约，减少损失浪费，选择高效、环保的产品和服务，降低消费过程中的资源消耗和污染排放。它反映人与自然、社会经济与生态环境协调发展，实现消费者个体利益与环境利益相结合，促进可持续发展的消费行为模式。

综上所述，绿色消费是指一种以适度节制消费，避免或减少对环境的破坏，崇尚自然和保护生态等为特征的新型消费行为和过程。绿色消费，不仅包括绿色产品，还包括物资的回收利用，能源的有效使用，对生存环境、物种环境的保护等。

（二）绿色消费的特征

绿色消费是指以绿色、自然、和谐、健康为宗旨，有利于人类健康和环境保护的消费内容和方式。它要求人们在消费过程中不仅考虑自身需求，还要最大限度地减少对生态环境的破坏，避免对子孙后代的生存发展造成威胁。因此，绿色消费具有以下特征。

1. 适度性。传统消费中的消费观念是盲目的、过度的、奢侈的、非理性的，与当前社会发展趋势和倡导的精神不相符。绿色消费观是明确、节俭、理性的，与适度消费紧密相关，与我国现阶段的生产力水平、经济发展状况等现实情况相适应。企业在生产过程中对能源的利用应尽可能的减少，适度的节约能源，做到生产的适度性；消费者在购买产品时能够做到消费的适度性，达到节约和环保的要求。

2. 安全性。传统消费的消费对象包括一切可消费的物品，而绿色消费的消费对象主要是绿色产品。绿色产品本身就是在保护生态环境的基础上生产的，对人具有一定的安全性，能达到人们的健康标准，能满足人们在消费绿色产品过程中对安全的需求。这些产品的生产过程具有资源利用率高、未对环境造成污染的特点，消费后的垃圾经处理后也不会对环境造成污染，如绿色食品、绿色建材、节能家电、新能源汽车等。

3. 可持续性。传统消费往往以自我需求为中心，对资源过度耗费、利用率低、不顾资源的有限储量和环境的承载能力，易造成环境污染。绿色消费在满足人们基本生活需求之余，能够高效利用资源、节约资源，注重生态环境的保护，提倡消费的可持续性。绿色消费要求消费者在消费的过程中注重约束和限制自身的消费行为，不会过度消费，要注重资源的承受能力，坚持自身发展和生态平衡的双重功效，将消费行为对自然生态的破坏降到最低点。

4. 公平性。传统消费产生了资源短缺、生态恶化、环境污染等后果，严重威胁人类的生存。在能源一定的情况下，如果当代人过度地消费能源，就会使后代人无从消费，不能享受与当代人同等的消费机会。绿色消费的公平性主要指当代人在发展和消费的同时，坚持绿色环保原则，避免造成环境污染。消费者在消费过程中努力提高资源利用效率，保护人类赖以生存的生态环境，使后代人有与自己同等的发展与消费机会，做到经济和社会的可持续发展。

三、绿色消费的兴起

（一）绿色消费的产生

人类的经济发展，本质上就是与地球大自然系统的物质变换的过程，人类不断地从自然取得物质资料，以满足自己的需要，尔后又不断将废物排放到自然，经过自然的"净化"作用，重新转化为自然物质。自人类出现以来，就是不断地从自然获取物质资料，逐渐积累，终于达到了今天巨大的物质文明。如果没有自然资源，人类社会经济、文明的发展是无从谈起的。

但是，由于人类的过度开发，人与自然之间的不平衡不断地出现，严重后果摆在人类面前，使人类不得不考虑并改变自己的行为，努力协调人与自然的平衡关系。在全球资源有限和气候变化的背景下，人类终于开始觉醒，"绿色"观念逐步形成。在人类对环境问题有了深刻认识之后，一种适应自然和社会要求的消费模式——"绿色消费"便应运而生。

绿色消费不仅是实现节能减排的关键环节，而且是全球十大消费趋势之一。消费者是驱动绿色消费的关键因素，在全球共同应对生态危机的背景下，越来越多的消费者生态意识开始觉醒，并对绿色消费持积极态度。

20世纪中期，人类察觉和意识到资源和环境问题的严重性，由英、美等五国组成的一个独立的、非营利的、非政治性的组织——国际消费者联盟组织（International Organization of Consumers Union，IOCU）充当呼吁环境保护的先锋，1963年该组织提出了绿色消费的观念，指出消费者应有"环保"义务。

此后，各种世界性环保组织（绿色和平组织、绿友会、地球之友等）纷纷崛起。在学术界，"环境科学"研究也应运而生，包括生态伦理学、人类地球管理学、环境经济学等。在国家层面，起步较早的德国于1978年率先提出"蓝色天使"计划，向生产制造符合生态环境标准产品的企业颁发"蓝色天使"标签，以鼓励更多的企业关注产品的环保性；20世纪80年代，英国掀起的"绿色消费运动"席卷欧美。这是一种靠消费者来带动生产者，靠消费领域影响生产领域的环境保护运动。许多公民表示愿意在同等条件下或略贵条件下选择购买有益于环境保护的商品。20世纪80年代末，美国、加拿大、日本纷纷出台和实施各自的环境标志制度；20世纪90年代，法国、荷兰、新加坡、瑞士、澳大利亚等国紧随其后，先后推行了各自的环境标志制度。

我国的绿色消费发展紧跟国际步伐，绿色消费理念也随着人们对环境、生态问题意识的提高而得到了越来越多的关注。早在1999年，原国家环保总局等6部门启动了以"开辟绿色通道、培育绿色市场、提倡绿色消费"为主要内容的"三绿工程"；2001年，中国消费者协会把当年定为"绿色消费主题年"。

我国在世纪之交推出"中国跨世纪绿色工程计划"，将2001年定为"绿色消费年"。第九届全国人民代表大会第四次会议批准《中共中央关于制定国民经济和社会发展第十个五年计划纲要》(2001年3月15日)。该纲要提出"绿色食品""绿色食品基地""'绿色通道'建设""城市绿化"和"推行绿色消费方式"五个关键词。从政府的角度倡导消费者应自觉实现"绿色消费"，推行"绿色消费方式"。

进入21世纪以后，绿色消费在世界范围内迅速被推广。国际社会各国政府、非政府环保组织都在不断交流与合作，推动绿色消费在更大范围展开。各个国家也都通过立法、市场调节、财政补贴等方式，提高消费者的绿色消费意识。绿色消费这一全新的消费观在全球范围内迅速兴起，成为人们生活消费的首要选择。

2006年3月14日，第十一届全国人民代表大会第四次会议通过的《中华人民共和国国民经济和社会发展第十一个五年规划纲要》，在《中华人民共和国国民经济和社会发展第十个五年计划纲要》的基础上，增加了绿色建筑和绿色工业两个方面的内容，即大力发展"绿色装饰装修材料"和"绿色环保纤维和再生纤维"。

2011年3月14日，第十一届全国人民代表大会第四次会议批准的《中华人民共和国国民经济和社会发展第十二个五年规划纲要》，从"绿色建筑""绿色金融""积极应对全球气候变化""加强资源节约和管理""大力发展循环经济""加大环境保护力度"和"促进生态保护和修复"等方面对"绿色发展"的内容给予了较为详尽的论述。

2016 年 3 月 16 日，第十二届全国人民代表大会第四次会议通过《中华人民共和国国民经济和社会发展第十三个五年规划纲要》。该纲要有 45 处提及"绿色"，对绿色消费、绿色农业、绿色制造、绿色流通、绿色基础设施、绿色城市、绿色区域发展、绿色产业、绿色海洋经济、绿色能源资源、绿色生态空间和绿色制度等方面的内容给予了详尽阐述，贯穿于国民经济和社会发展的方方面面。

2016 年 3 月，我国国家发展改革委、科技部、财政部、商务部、环保部等十部门联合制定了《关于促进绿色消费的指导意见》。该意见提出鼓励绿色产品消费、扩大绿色消费市场、加强金融扶持等 17 条具体举措，力促绿色消费发展。该意见明确了"绿色消费"的概念，即"以节约资源和保护环境为特征的消费行为"，还提出了总体目标："到 2020 年，绿色消费理念成为社会共识，长效机制基本建立，奢侈浪费行为得到有效遏制，绿色产品市场占有率大幅提高，勤俭节约、绿色低碳、文明健康的生活方式和消费模式基本形成。"

目前，在许多国家和地区，消费者对绿色消费品的心理偏好已演绎成一种时代潮流。据有关资料统计，有 82% 的德国人和 62% 的荷兰人到超市购物时优先考虑环保问题，有 66% 的英国人愿意花更多的钱购买绿色产品，有 84% 的美国人愿意购买通过有机农业方式生产的水果和蔬菜，愿意为无污染产品及能再循环使用的包装多付费，而且这部分消费者的比例正在日益扩大。目前，在美国，新产品中绿色产品所占比重已达到 80%，德国、日本等国开发的新产品中，绿色产品也在 60% 以上。[①] 在我国政府有力倡

---

① 吴红岩. 我国绿色消费问题研究 [D]. 长春：东北师范大学，2008 (6).

导和全社会的积极支持下，绿色消费理念在我国不断推广，正深入每一个老百姓的日常生活。随着消费者环保理念的提升，消费绿色、可持续的产品渐成风尚，绿色消费开始和我们的饮食起居息息相关。由此可见，绿色消费已逐步成为人类消费的主流。

（二）绿色消费的演进

1. 可持续发展。自"可持续发展"概念于 1972 年被提出以来，世界在推动可持续发展方面不断努力，开展了千年发展目标、千年生态系统评估、若干多边环境协议等系列活动，可持续发展的概念也随之不断发展和完善。

1980 年，国际自然保护同盟的《世界自然资源保护大纲》提出可持续发展的概念，即"必须研究自然的、社会的、生态的、经济的以及利用自然资源过程中的基本关系，以确保全球的可持续发展"。1981 年，美国学者莱斯特·R·布朗（Lester R. Brown）出版的《建设一个可持续发展的社会》一书中提出以控制人口增长、保护资源基础和开发再生能源来实现可持续发展。

1987 年，世界环境与发展委员会（WECD）将可持续发展定义为"既满足当代人的需求又不危害后代人满足其需求的发展。

1991 年，世界自然基金会、国际自然保护联盟和联合国环境规划署共同发布《关爱地球：一项可持续生活的战略》报告，认为可持续发展是在起支撑作用的生态系统的承载能力范围内改善人类生活的质量。

随后，中国政府编制了《中国 21 世纪人口、资源、环境与发展白皮书》，首次把可持续发展战略纳入我国经济和社会发展的长远规划。1997 年，中国共产党第十五次全国代表大会把可持续发展战略确定为我国"现代化建设中必须实施"的战略。2002 年，中国共产党第十六次全国代表大会把"可持续发展能力不断增强"

作为全面建设小康社会的目标之一。

实现可持续发展，就是要使经济活动的规模限定在地球生态承载力的范围之内。消费是经济活动的动力源头，只有通过消费行为的改变，才能有效引导企业从事环境友好型生产。绿色消费与可持续发展有着至关重要的关联，绿色消费追求健康、科学和文明的消费方式，即人类的消费应以可持续为前提，购买所需要的产品或服务既要满足消费者自身的需求，也要保证所使用的商品达到原料用量最少、环境污染最小、化学品含量最少等要求。

2. 循环经济。循环经济主要指在人、自然资源和科学技术的大系统内，在资源投入、企业生产、产品消费及其废弃的全过程中，把传统的依赖资源消耗的线形增长经济，转变为依靠生态型资源循环来发展的经济。美国经济学家肯尼思·鲍尔丁（Kenneth E. Boulding）提出的"宇宙飞船理论"是循环经济的早期代表。受当时发射宇宙飞船的启发来分析地球经济的发展，他认为飞船是一个孤立无援、与世隔绝的独立系统，靠不断消耗自身资源存在，最终它将因资源耗尽而毁灭。唯一使之延长寿命的方法就是实现飞船内的资源循环，尽可能少地排出废物。同理，地球经济系统如同一艘宇宙飞船，只有实现对资源循环利用的循环经济，地球才能得以长存。

1990年，英国环境经济学家珀斯和特纳在其《自然资源和环境经济学》一书中首次正式使用"循环经济"一词；1992年，联合国环境发展大会签署了可持续发展宣言，标志着循环经济的正式诞生。我国从20世纪90年代起引入了关于循环经济的思想。国家发展改革委对循环经济的定义为"循环经济是一种以资源的高效利用和循环利用为核心，以'减量化、再利用、资源化'为原则，以低消耗、低排放、高效率为基本特征，符合可持续发展理念的经济增长模式，是对'大量生产、大量消费、大量废弃'的传统增长模式的根本变革"。

　　传统经济是"资源—产品—废弃物"的单向直线过程，创造的财富越多，消耗的资源和产生的废弃物就多，对环境资源的负面影响也就越大。循环经济是一种新型的发展理念，是以尽可能小的资源消耗和环境成本，获得尽可能大的经济和社会效益，从而使经济系统与自然生态系统的物质循环过程相互和谐，促进资源永续利用。循环经济以"再思考、减量化、再使用、再循环、再修复"为原则，以产品清洁生产、资源循环利用、废物高效回收为特征，以资源的高效利用、节约利用和循环利用为核心，以经济社会可持续发展为目标，将资源综合利用、清洁生产、生态工业、绿色消费融为一体，追求人类社会、经济发展与生态环境和谐统一的生态经济发展形态及可持续经济运行模式。

　　2013年1月，国务院印发了《循环经济发展战略及近期行动计划》，规划以"减量化优先"为基本原则，把推广绿色消费模式作为发展循环经济的一项重要任务，围绕遏制当前社会存在的奢侈消费、过度消费乃至浪费等现象，提出了一些明确的、根本性的措施。绿色消费是循环经济在消费领域的具体形式，是循环经济发展的内在动力。用绿色消费驱动循环经济发展，可以实现环境保护和经济发展的双赢，是人类进入生态需求阶段的必然结果。

　　3. 绿色经济。绿色经济概念伴随着人类认识社会经济与生态环境协同发展的问题而出现，通过探索可持续发展路径的过程而形成，国内外对绿色经济尚未形成统一的定义。绿色经济的概念经常被简单地等同于环境保护，其实不然。绿色经济是强调将环境挑战转变为发展经济的机会，强调在保持物质财富增长的同时，减少环境风险的代价。对绿色经济的理解主要可分为两类观点：一类侧重以生态经济学作为基础理论，认为绿色经济本质上是以生态和经济协调发展为核心的可持续发展经济，追求人与自然的和谐；另一类侧重以资源与环境经济学作为基础理论，认为绿色经济必须强调经济增长的资源承载能力和环境容量，是一种以资源节约和环境友好为基础的新经济形态和生产方式。

"绿色经济"一词源自英国环境经济学家皮尔斯于1989年出版的《绿色经济蓝图》一书。雅各布斯与波斯特尔等人在1990年所提出的绿色经济学中倡议在传统经济学三种生产基本要素：劳动、土地及人造资本之外，必须再加入一项社会组织资本。2007年，联合国巴厘岛气候会议首倡"绿色经济"，"绿色经济"成为世界经济走向的大势所趋。2010年，联合国环境署给出绿色经济的定义，即绿色经济是可增加人类福祉和社会公平，同时显著降低环境风险与生态稀缺的经济。一般认为，绿色经济是以市场为导向、以传统产业经济为基础、以经济与环境的和谐为目的而发展起来的一种新的经济形式，是产业经济为适应人类环保与健康需要而产生并表现出来的一种发展状态。绿色经济与传统产业经济的区别在于：传统产业经济是以破坏生态平衡、大量消耗能源与资源、损害人体健康为特征的经济，是一种损耗式经济；绿色经济则是以维护人类生存环境、合理保护资源与能源、有益于人体健康为特征的经济，是一种平衡式经济，通过投资于自然资本来促进经济增长。绿色经济效率优先的机制推动人们为了获得更多的利益，在有效利用资源、节约资源、保护生态环境方面进行有效的竞争，并在此基础上展开制度创新、理论创新、组织创新和技术创新，从而推动经济发展，为社会创造更多的绿色财富。

从国际环境看，发展绿色经济既是应对全球环境资源危机的需要，也是应对国际金融危机持续影响的需要。一方面，全球资源在人类大规模工业化、城市化过程中日益减少，尤其是石油、天然气等不可再生的资源越来越少；另一方面，绿色经济通过提高人力资本水平和减少自然资本消耗来实现经济发展，强调把主要的资本投资在资源节约和环境友好的领域，包括可再生能源、工业效率、绿色建筑、绿色交通、旅游、废弃物处理以及农业、渔业、水资源、森林等，确保"后危机"时代的经济遵循一种可持续发展的模式。绿色经济在实践中包括两大方面：一方面是绿色产业，主要包括节能环保、新一代信息技术、生物、高端装备制造产业等；另一方面是对现有的钢铁、水泥、石化等传统产业进行"绿色化"改造，实现"黑色经济"向"绿色经济"转变，主要措施是大力推行清洁生产，实现企业的"节能、降耗、减污、增效"。

近年来，世界主要经济体都在强调绿色经济的发展。比如，美国推出了"绿色经济复兴计划"；日本在其绿色经济方案中提出，要扩大绿色经济市场，对环境友好型企业实行零利率的贷款政策，创造 100 万个新的绿色就业机会；韩国提出了"低碳绿色增长战略"，实施"绿色工程"计划等。这反映了世界各国对资源能源矛盾日益深刻的认识，越来越多的资金从房产、矿物燃料等传统产业投入到可再生能源、能效、公共交通、可持续农业以及土地和水资源保护领域。

发展绿色经济是经济发展的新趋势，也是中国经济结构转型时期的必然要求。2016 年全国节能、环保和资源循环利用三个行业产值已超过 4.5 万亿元，成为国民经济的支柱产业。仅从环境保护来讲，"十三五"期间规划的全社会环保投资将达 17 万亿元。其中，大气、水、土壤污染防治行动计划全面实施，预计总投入达 8.6 万亿元。2016 年全国环保产业销售收入约 11500 亿元，较上一年增长 20%。据工信部预测，到 2020 年仅绿色制造业规模就将达 10 万亿元。专家测算，为实现环保目标和碳排放达到峰值的国际承诺，一直到 2030 年中国每年的绿色投资将达 3 万亿~4 万亿元①。由此可见，中国绿色经济市场潜力巨大，绿色经济是引导我国未来经济社会发展的重要力量。经济绿色增长不仅能大大缓解资源能源的压力、有效改善供给结构，而且能创造出新的市场需求，培育壮大新的增长点，给经济带来强大拉动，形成新的经济支撑力量。

总之，绿色消费提倡将现代经济的发展建立在生态系统良性循环的基础之上，缓解人与环境、资源之间存在的尖锐矛盾，实现经济社会的可持续发展。绿色消费倡导人们转变消费观念，崇尚绿色，崇尚自然，追求健康，注重环保、节能；选择购买和消费符合环境保护标准的商品，即绿色产品；注重垃圾的处理和环境保护，注意分类回收和循环再生，避免造成新的环境污染。绿色消费能够引导消费者注重精神消费在生活消费中的比重，有益于人类的身心健康，有利于促使人们自身素质的提升。绿色消费注重保护生态环境，使经济、社会健康绿色地发展，是人们健康生存乃至自由发展的基础。绿色消费能够做到人口、资源、环境的协调发展，对自身和社会都有益处。绿色消费是每个地球人的责任和义务，一方面每个人都要承担责任，保证后代人的生存与当代人的安全与健康；另一方面每个消费者和生产者都有义务保护环境，消费者要改变不顾环境的消费习惯，生产者应放弃高能耗、粗放型的生产经营模式，减少对环境的污染。目前，我国人民生活水平逐步提高，消费承受能力逐渐增强，所以更应该大力发展绿色消费，使人们真正体会到绿色消费带来的益处。

---

① 青年创业新路径 2030 年我国绿色投资将达 3 万亿 ［EB/OL］. http：//news. 163com/17/0619/18/CNAICDST000187VI. html.

绿色消费的紧迫性

有学者指出，由个体消费活动所导致的环境问题占所有环境问题的比例高达 30% ~ 40%。我们的日常生活中有哪些不环保的行为？会带来哪些环境危害？

我们每天的生活都在不断消费着地球上有限的资源，生产一双皮鞋平均会造成 5.6 吨水的污染，一个 10 克的金戒指消耗矿石量超过 3 吨，一件 170 克重的衬衫生态包袱约 226 千克。全球每年所产的 40 亿吨食物有 30% ~ 50% 被浪费，每扔掉一个苹果就等于消耗了能冲 7 次厕所的水，每扔掉一个汉堡就等于消耗了 16 个浴缸的水，每扔掉一块牛排就等于浪费了一片可以种植 27 千克土豆的耕地。这不仅是餐桌上的浪费，也给生态环境带来沉重的负担。

根据测算，每加工 5000 双木制一次性筷子，要消耗一棵生长了 30 年的树。筷子、纸张等一次性消费品生产导致每年大量的树木被砍伐，森林资源总量减少速度惊人，导致了生物多样性锐减、水土流失、土地荒漠化等一系列问题。尽管部分地区实施节能生产、太阳能发电、燃煤清洁化治理等行为，二氧化硫及氢碳化合物排放指标有所降低，但家用车二氧化碳的过度释放、垃圾随意焚烧等方面仍不容乐观。各地小铁矿、小冶炼炉的滥采滥用，加之森林、草原覆盖率的逐年衰退，使得环境资源的负荷能力明显不足，导致环境安全隐患层出不穷。

工业废水、废气等污染物排放量急剧增加。据统计，1880 ~ 2012 年，全球表面平均温度上升 0.85℃。2013 年全世界每年约有 4200 多亿立方米污水排入江河湖海，污染 5.5 万亿立方米淡水，严重威胁人类的身体健康。

环境污染和资源流失给人类的生存和生态系统的维护带来巨

大的挑战。如果目前的消费和生产模式保持不变，随着人口的持续增长，到 2030 年人类将需要两个地球的资源才得以满足需求。到 2050 年，人类每年消耗约 1400 亿吨矿物、矿石、化石燃料和生物质（相当于目前数量的 3 倍），除非经济发展不再以大量消耗自然资源为代价。目前，全球 60% 的生态系统已经退化，甚至消失殆尽。预计到 2030 年，全球的中产阶级消费者将达 30 亿人，如果"旧有消费模式"维持不变，更多的自然资源将永久性的消失不见。

资料来源：任甜. 消费者创新性对绿色消费意向影响研究 [D]. 浙江理工大学，2017（6）；气候专家解读 IPCC 第五次评估报告第一工作组报告 [EB/OL]. http：//www. gov. cn/fwxx/kp/2013 - 10/08/content_ 2501790. htm.

问题二　绿色消费离你有多远

在环境意识日益觉醒的今天，人们的消费模式和生活方式的绿色化趋势日渐明显，越来越多的消费者开始熟悉和接纳绿色消费的观念，越来越多的人开始遵循绿色的生活方式，能乘坐公交就不开车，能用购物袋就不用塑料袋……也有人提出异议，绿色消费就是购买环保产品吗？绿色的生活方式会不会抑制甚至减少了消费，绿色生活还会创造消费吗？答案是绿色的消费方式并不是抑制消费，而是在追求一种更高层次的消费，试图构建一个生产和生活均可持续的消费模式。绿色消费是人类对自身与自然界的关系进行理性思索后而进行的重新定位，是从源头上消减环境污染和生态破坏的适度消费模式。倡导资源节约、环境友好、文明健康的绿色消费模式逐渐成为主流，生活方式绿色化已成为一种潮流。

一、绿色消费的意义

（一）绿色消费的理论意义

绿色消费的理念继承和发展了马克思主义关于消费的相关理论、马克思主义关于人与自然关系的思想以及马克思主义哲学中的一些原理和方法论。

1. 继承了马克思主义关于消费的相关理论。马克思主义消费观是马克思主义关于消费等问题的根本看法。马克思的消费理论研究的不仅仅是经济领域的问题，也涉及环境和资源，乃至人类的生存和发展。在《资本论》与《政治经济学批判》中，马克思对消费展开了论述，涉及生产和消费、消费和环境的辩证关系等。马克思主义消费观注重考虑人类消费行为对于生态环境所产生的影响，反对奢侈浪费的过度消费。绿色消费是一种适度消费观，强调消费应与人类自然需求相称、与生态环境的承载力相匹配。绿色消费观符合时代发展变化的客观要求，使消费与政治、经济等方面的建设要求相适应。

2. 发展了马克思主义关于人与自然关系的理论。马克思主义哲学认为，人与自然界不是简单的对立关系，也并非绝对统一的关系。自然界可以为人类的生存与发展提供各种能源与资源，人类开展改造自然界的活动与行为会对生态环境产生影响。因此，人与自然界互相依存，人类应当尊重自然、保护自然、爱护自然，在遵循自然规律的基础上，适度、合理地开展改造自然的活动。总之，人类应该合理、节约地开发和利用自然资源，维护生态平衡，尽力防止与控制环境污染，促使人与社会、环境的和谐发展。每一个个体都享有平等利用自然环境与资源的权利，与此同时，也应当承担相应的环境义务。

3. 推进科学发展观背景下消费结构升级。科学发展观是中国共产党的重大战略思想，也是推动改革与发展不断前进的重要方法论。绿色消费是贯彻落实科学发展观的必然要求，是实现科学发展的必由之路。倡导绿色消费，体现了科学发展观的理念，是在消费问题上贯彻落实科学发展观。

消费是经济发展的内在动力，绿色消费能够促进消费结构的升级。绿色消费体现了科学发展观的内涵和本质，将满足人的生存和发展的需求建立在不断提升人民的物质生活水平的基础之上，是促进人的全面发展的具体体现。绿色消费通过减少自然资源消耗、创造良好的生存环境来持久提供各类商品及服务，满足人类基本需求，有利于人与自然的和谐发展。

4. 推动循环经济发展。循环经济是以物质、能量梯次和闭路循环使用为特征的，把生产、消费等环节纳入在注重环境保护与节约资源前提下促进经济发展的总体规划中。消费可以反作用于生产，绿色消费引导生产方式发生变革，提倡清洁生产，从而促进生产领域的变革。利用绿色消费这种新型消费方式驱动循环经济的发展，有助于实现环境保护和经济发展的双赢。

树立和倡导绿色消费能够促进资源优化配置，对于发展循环经济，节约资源、减少浪费、保护环境、提高生活质量和生活水平有重要的现实意义。绿色消费倡导的是一种全新的消费观，它提倡人类物质财富的适度消费，并在消费的同时考虑废弃物的回收利用和资源化，引导公众由传统消费观念向绿色消费观念转变。自觉选择绿色产品，最大限度节约资源，正是循环经济发展的基础，引导公众参与以共同发展为目标的循环经济。

（二）绿色消费的实践意义

世界是由"人—社会—自然"构成的复合系统，是一个活的有机整体。如果人类的消费没有考虑自然资源的有限性和自然生态系统承载能力的有限性，一旦突破自然生态系统的限度，无论对人还是对自然环境都会造成严重的伤害。绿色消费能够兼顾个人的全面发展、人类的整体利益和环境保护等多方面的要求，使得人们在选购和消费产品时，既要有利于自己的身心健康，又不破坏生态环境，也不会对子孙后代的生存和发展构成威胁。因此，树立绿色消费理念，保护生物多样性，并为子孙后代的发展留下足够空间和资源，十分迫切。

1. 绿色消费有利于人类身心健康全面发展。

首先，绿色消费方式有利于保障人们身体健康。绿色消费中的绿色产品不存在有毒、有害物质，绿色的生产方式能够减少环境污染，在使用产品后对废弃物进行合理处置，做到保护环境，保障人们身体健康。

其次，绿色消费方式有助于人们树立正确的消费观和价值观。绿色消费倡导人们适度的物质消费，同时鼓励人们精神生活的丰富和满足。绿色消费倡导人们保持适度物质消费的同时，更加重视心灵的成长与富足，注重道德品格的修炼，重视自己精神的自由发展与成长，注重自己的社会价值与贡献，这有利于克服传统高消费片面追求物质享受造成的人的价值和精神的扭曲，使人的物质消费和精神消费能够和谐统一，进而实现人的自由、全面发展。

再次，绿色消费方式有助于提高人们的道德素质。绿色消费不仅倡导对自己有利的绿色产品的消费，同时也注意不对他人和自然造成不利的影响，主动承担对他人和自然的责任，有利于人的伦理道德素质的提高，有利于人的精神境界的全面提升，进而能够促进人的全面发展。

最后，绿色消费提倡人们过简单、轻松的生活。人们在追求物质财富的同时提高自己的幸福感，提倡适度的物质生活、丰富的精神生活和自由支配时间三位一体的轻松生活方式。绿色消费所倡导的简单生活、轻松生活成为一部分社会成员的价值追求和时尚行为，更符合人生活的本质，更有利于人的自由、全面发展。

2. 绿色消费推动绿色生产形成良性循环。

第一，绿色消费能引导并拉动绿色生产。消费者对于绿色商品的消费需求是需要市场提供品种更加丰富的绿色商品，能够引导绿色产品市场的出现并促使其加快发展。绿色消费通过消费者对产品生产过程是否对环境有益的关注，促使企业从追逐利润为导向转向以生态环保为导向。绿色消费可以引导生产方式发生变革，促进经济社会发展绿色革命，全面引导产业的绿色发展，为绿色市场的形成奠定基础。

第二，绿色生产创造出绿色产品，以满足绿色可持续消费，成为促进消费转型升级的重要力量。2016 年，我国人均 GDP 已达8100 美元，据预测，2027 年将达 1. 29 万美元，跨过 1. 25 万美元的高收入门槛。① 人民收入水平的不断提高，必然带来对更高的生活品质的追求，需要更安全优质的产品，以满足健康消费需要。传统生产方式是一种高投入、高消耗、高污染的粗放型生产方式，造成了严重的生态环境危机。绿色生产是按照生态环保的原则来组织生产过程的一种生产模式，企业通过科技进步改造生产工艺，注重节能、降耗、减排，通过对生产全过程的污染控制，把污染物的排放量降到最低。

第三，绿色消费需求的增加，给企业提供了创造利润的机遇。发展绿色产品是一种长远的、明智的选择，可以实现低投入、高收入的目标。绿色产品的出现既顺应了消费者高层次、多元化的需求，也给企业带来了巨大的收益，有助于企业实现绿色生产的规模化、产业化。绿色产品价格往往高出同类常规产品，使企业获得良好的经济效益，彰显出绿色生产良好的发展前景和较高的综合效益。

3. 绿色消费有利于实现社会和谐发展。

第一，绿色消费有利于节约自然资源。绿色消费提倡适度消费，节约使用能源，主张把有限的资源用于满足人们的基本需要，

---

① 厉以宁. 中国陷入中等收入陷阱？ ［EB/OL］. http：//finance. people. com. cn/nl/2017/0725/c1004 – 29425593. html.

限制奢侈浪费。绿色不仅减少了自然资源的消耗，也缓解了人与自然之间日益尖锐的矛盾。

第二，绿色消费有利于改善人与人之间的关系。绿色消费倡导消费公平，强调每个消费者都应公平满足其自身需求，既有利于缓和同代人由于贫富差距导致的矛盾，也不会损害后代人的生存环境和利益，使消费的代内公平和代际公平统一起来，促进人与人的和谐相处。

第三，绿色消费有利于社会的和谐发展。绿色消费趋势鼓励开发新的绿色技术、研发绿色产品、利用新能源，拓展新的消费领域，推动社会实现绿色经济转型，形成生产力发展新趋势，有利于生态、经济、社会的可持续发展。

绿色消费是迄今为止人类历史上最高形式的消费模式，体现了人、社会和自然和谐的生态伦理思想，兼顾个人的全面发展、人类的整体利益和环境保护等多方面的要求，对于促进人的全面发展，促进社会可持续发展目标的实现，乃至对全球秩序的和谐稳定都意义重大。

二、绿色消费的误区

说起"绿色消费"，许多人能滔滔不绝地说上一大堆，但细细听来，大多围绕着节水、节电等老生常谈的内容。对于绿色消费，不少人并不了解，甚至存在着误区。有人只从表面理解绿色消费的含义，只注重"绿"，有人认为"绿色消费是买环保的东西"，也有人认为"绿色消费是指无污染的消费"，甚至绝大部分中国消费者基本都认为绿色消费就是购买绿色产品，意识中对减少污染、低碳使用、循环回收等也属于绿色消费行为的认识不足，对绿色消费概念的理解十分片面狭隘。绿色消费误区主要有以下四种。

（一）绿色消费就是购买"绿色"的东西

有些消费者认为绿色消费就是购买"绿色"的东西，而标有"绿色"字样的就是绿色产品。为了在激烈竞争的市场上胜出，商家推出了形形色色的"绿色产品"，把"绿色"当成制胜的新筹码。很多消费者对绿色消费并不了解，他们掌握的绿色产品知识并不足以指导其绿色购买行为，所以他们看到这些标有"绿色"字样的产品，就以为是绿色健康的，就会选择购买。其实，有很多产品并非真正的"绿色产品"，只是贴有"绿色"标签而已，是商家利用消费者对绿色产品的青睐以及对绿色产品的专业识别能力不足而炒作"绿色"概念，误导消费者。消费者对绿色消费知识的掌握和了解是其进行绿色消费的关键，规范的绿色市场是消费者进行绿色消费的有力保障；而缺乏绿色产品知识和绿色产品信任度不高，阻碍了消费者购物时对绿色产品的主动选择。长此以往，不利于绿色消费市场的健康有序发展。

（二）绿色消费就是购买"天然"的东西

有些消费者认为绿色消费就是"消费绿色"，将其与"天然"联系起来。他们认为绿色消费就是购买"纯天然""原生态"的东西，如吃天然食品、穿天然原料的服装、用天然材料制作的东西、住天然建材做的房子等。他们吃国家野生保护动物与稀缺动物，因为是天然的；他们使用珍稀动物皮毛制作的衣物，因为是天然的；他们用绿色产品，但是用完后却随意丢弃；他们装修时只选绿色材料，却追求豪华奢侈。这些所谓的绿色消费行为都存在误区，人们只是从自身的利益和健康出发，而并不去考虑对环境的保护，违背了绿色消费的初衷。真正意义的绿色消费是保护"绿色"，而不是消费"绿色"。消费者的消费行为不只是自己的私人行为，还关系到整个环境的可持续发展。消费者的消费行为不仅要满足自身的基本需要，还要考虑到自身的消费行为对周围环境造成的影响。因此，我们爱护自然资源，主动实施有利于保护生态环境的行为，减少环境污染和资源浪费。

（三）绿色消费是身份的象征

有些消费者认为绿色消费是一种身份象征，可以显示自己的社会地位、炫耀自己的财富、代表一种时尚。有些消费者非环保用品不用，在放弃了塑料制品之后，转向纸制、木制等用品，导致大肆砍伐树木，走入绿色消费的误区。这种消费模式容易导致过度消费、奢侈消费、畸形消费，不仅没能保护环境，反而会破坏环境。自然资源并不是取之不尽、用之不竭的，如果我们对其滥加利用、盲目消耗、不节制、不控制，终有一天会耗尽地球上所有的资源。绿色消费是功能导向而非占有导向，引导消费者关注产品和服务的使用价值而不是交换价值。因此，我们要树立适度节制的绿色消费理念，抵制盲目索取和损害自然资源的行为，改变带有浪费倾向、拜金倾向、物欲倾向的消费方式，树立节约资源、爱护环境、生态低碳的绿色消费理念。

（四）绿色消费是环保部门的工作

有些消费者认为绿色消费就是环境污染治理，是环保部门的工作，而不是消费者的个人行为。这种观点忽视了消费的整个过程，把绿色消费等同于消费后的废物、垃圾处理和污染治理，但这种高成本低收益的事后处理只是冰山一角，收效甚微。绿色消费包括消费源头和全生命周期过程，即原材料开采、制造加工、物流配送、商业零售、消费使用及消费后处理六个环节，或者项目管理的设计、建造、运用、拆卸四个阶段。每个企业和消费者都应积极投身于绿色消费之中。企业要实现从传统工业向新型工业转变，通过设计各环节间的物料循环，使企业的生产过程达到低能耗、少排放甚至零排放，从而消除传统生产"先污染、后治理"的状况。作为绿色消费的重要组成部分，消费者对绿色消费的认可程度直接决定着绿色消费的社会化程度。消费者树立绿色消费理念、实施绿色消费行为，对整个社会的绿色消费具有深远意义。

三、绿色消费市场

（一）绿色产品是绿色消费的基础

目前，绿色产品风靡世界。"绿色产品"是指遵循可持续发展原则，按照特定生产方式生产，经专门机构认证，许可使用绿色标志的、无污染的、安全优质产品。绿色产品与传统产品最根本的区别在于其改善环境和社会生活品质的功能，能够最大限度地满足消费者的生理需要和社会需要。绿色产品对人体的危害极小，能够节约资源，有利于生态环境的良性发展。这些优点能够刺激消费者的积极情绪，使消费者感到身心舒适，刺激消费者的消费欲望。在绿色食品方面，很多国家都在大力发展，发达国家的绿色食品需求以每年超过20%的速度大幅增长。服装方面，1994年，瑞士生产出有利于环境保护的服装，彩棉织品及服装在很多国家大受欢迎。绿色用品在国际市场上种类越来越丰富，美国发明了绿色电脑，法国生产了具有环保功能的电视，绿色汽车已经在公路上行驶。欧美发达国家正致力于生产一批以电或太阳能为动力的新型汽车的研究，以便迅速占领绿色汽车市场、获得长远的发展。20世纪末至21世纪初，部分国家掀起了一股绿色屋顶的潮流：巴黎楼顶上，树木、花卉映入人们的眼帘；伦敦大批绿色住宅区已建成；加拿大的盆景花园已完工；日本与德国具有不同特色的屋顶花园也已竣工。大部分材料均是木料与绿色材料的绿色住房投入使用，而且还运用了生态学与建筑学紧密结合的崭新设计，达到了人工与自然环境的完美结合。

近年来，我国消费市场总体运行基本平稳，绿色消费发展势头良好。据汽车工业协会的最新数据显示，2015 年 1～9 月，我国新能源汽车累计销售 136733 辆，同比增长 2.3 倍，2015 年我国新能源汽车产销量将达到 20 万辆以上。① 同时，《2015 净水行业蓝皮书》提出，2015 年我国水处理市场销售量达到 789 万台，销售额规模达到 192 亿元，其中饮水机份额仅占销售额的 10%，意味着中国水消费正从"饮"时代向"净"时代跨越②。此外，节能电视、绿色冰箱和变频空调等商品在市场中的占有率也明显提升，LED 照明灯普及迅速。随着节能、健康、环保消费理念逐步深入人心，越来越多的消费者提升了自身环保意识和行为，自觉使用节能环保产品，市场上绿色消费产品也越来越受到消费者青睐。

【百姓茶话】

如何辨别绿色产品？

1. 辨标识。辨别所购产品是否符合国家标准的"绿色产品"，最直接的方法就是看产品是否获得了国家权威部门认可的相关绿色认证标识。中国节能产品认证和中国环境标志产品认证是目前最具权威性的两个绿色认证标识。

---

① 今年新能源汽车预计有望达到 20 万辆以上［EB/OL］. http：//www. xinhuanet. com/energy/2015 – 01/25/c_ 127417976. htm，2015 – 01 – 25.

② 净水市场规模将达 192 亿［EB/OL］. http：//news. ifeng. com/a/20150821/44481934_ 0. shtml.

中国节能产品认证标志是一种产品的证明性标志，它表明该种产品符合有关的质量、安全和环境标准要求，在社会使用中与同类产品或完成相同功能的产品相比，其能源使用效率（能效）指标不仅达到相关标准的规定，而且具有节约资源和能源的优势。

中国环境标志是目前我国最具权威性的环保认证标志，是由环境保护部确认、发布，并经国家工商行政管理总局商标局备案的证明性标识，它表明企业的产品不仅质量合格，而且在生产、使用和处理处置过程中符合特定的环境保护要求，与同类产品相比具有低毒少害、节约资源等环境优势。2007 年起，中国环境标志成为入选政府绿色采购产品目录的优先性标准。

2. 看能耗。在选购中还要对产品的能耗情况进行全面的考察，一是产品在运行过程中能否以较低的能耗完成工作任务，"中国能效标识"将能效等级按照"1、2、3、4、5"由低到高划分，1 级产品最节能；二是运用在产品中的技术能否保证节能与品质兼优，在耗电量、工作效率等方面的参数都比较突出。

3. 问回收。产品在结束使用周期后的回收和处理也是不可忽视的重要环节。真正的绿色产品，其企业应该具备完善的产品回收机制并有相应的有效措施。电子产品若不能进行有效回收和再利用，将对环境产生不可估量的负面影响。

（二）绿色消费者是绿色消费的主体

消费者是绿色消费的需求者及绿色消费实施的主体，能够形成一股庞大的绿色消费力量。绿色消费者首先符合广义消费者的定义，即商品或劳务的需求者、购买者和使用者。绿色消费者是指那些关心生态环境、对绿色产品和服务具有现实和潜在购买意愿和购买力的消费人群。也就是说，绿色消费者和普通消费者一样都具有对商品和劳务的消费需求和购买的意愿，而二者的不同在于相对于传统消费者而言，绿色消费者除了关注购买和消费过程，还关注产品的生产过程是否环保，产品的处置是否得当。绿色消费者更崇尚人与自然的和谐相处，追求低碳、绿色、健康的生活方式。他们既需要所消费的产品在功能上或使用价值上能够满足自身的需求，又对产品的安全性、对自身健康的影响，特别是对资源、环境和生态的影响给予关注和考量。有调查指出，在日本社会有60%以上的市民会时常留意购买环境友好型产品，有40%以上的市民会在同等价位下优先选购再生产品。

各国学者从不同角度对绿色消费者进行分类。英国学者K. 皮蒂认为绿色消费者是具有生态环保意识，能够主动购买和消费绿色产品的消费者。也有学者根据消费者的环境意识水平对其进行分类，根据人们消费选择中所体现的对环境关注的程度呈由低到高的一个连续不断的状态，可以将消费者大致分为浅绿色消费者、中绿色消费者和深绿色消费者。

浅绿色消费者：此类消费者只有模糊的绿色意识，他们意识到应对环境进行保护，但没有在消费过程中把这种意识具体化，他们的绿色消费行为大多是无意识的和随机的，是潜在的、不稳定的绿色消费者，对绿色产品的溢价难以接受。群体特征表现为受教育程度和收入水平较低，对环境保护的态度不积极，比较容易受他人的影响。

中绿色消费者：这类消费者具有较强的环保意识，但对绿色消费还缺乏全面的认识，比如只认识到产品无害性或包装的可循环使用性，而没有认识到生产过程的无污性。他们是选择性消费者，主要选择与自身利益联系比较紧密的绿色产品如绿色食品、绿色建材，对5%～15%的绿色产品溢价可以接受。群体特征表现为受教育程度和收入水平一般，对环境保护的态度比浅绿色消费者积极，受社会相关群体的影响更大。

深绿色消费者：此类消费者的绿色意识已经深深扎根，对绿色消费有全面和深刻的认识，表现为自觉、积极、主动地参与绿色消费，对绿色产品的溢价接受程度大于15%，会提出新的绿色消费需求。群体特征表现为受教育程度和收入水平较高，对环境保护的态度很积极。

目前我国消费者的绿色消费观念还有待提高，市场绿色消费主体尚不成熟，我国绿色消费需求尚未被有效激活。实现绿色消费，消费者是主体，负有不可推卸的社会责任。第一，消费者要树立绿色消费理念。消费者要坚持不断学习，提高认识水平，主动提高绿色消费意识，破除对绿色消费的错误认识及戒备心理，提高对绿色产品的辨别能力，并树立合理、健康、科学、绿色的消费观念。同时，主动加强消费伦理教育、宣传消费观念、培养消费道德，切实构筑节俭消费、健康消费、绿色消费、循环经济的理念、知识及行为。第二，消费者要实践绿色消费行为。消费者在消费过程中不仅要拒绝资源消耗多、污染排放大的产品，还要提倡资源节约型的消费方式，摒弃过度消费、奢侈消费。第三，消费者要成为绿色消费的宣传者。

【小贴士】

乐活主义

乐活（LOHAS）是英语 Lifestyles of Health and Sustainability 的缩写，意为以健康及自给自足的形态过生活，是全球兴起的一种新的健康可持续生活方式，是 1998 年美国社会学者保罗·瑞恩在《文化创意者：5000 万人如何改变世界》一书中，针对人类"健康衰退、心灵空虚、关系疏远、资源紧缺"提出新的健康生活方式。乐活是一种"健康永续的生活方式"，"乐活族"认为生活质量不仅取决于经济基础，更主要取决于生活的观念。具体而言就是在消费时，既要享受现代技术生活又要对自然环境负责，既要考虑到自己和家人的健康，又要坚持对生态环境的责任心。作为一种新的生活方式，乐活（LOHAS）不只是爱地球，也不只是爱自己和家人的健康，而是一种跨越地理、种族、年龄的限制，渗透地球人的生命理想。

乐活生活方式源于美国，流行于欧美发达国家，美国每四人中就有一人是"乐活族"，欧洲约是1/3。虽然一直以来，有环保生活、绿色生活、慢生活的概念出现，但是人们至今所有关心环境、健康的生活形态，大多还是建立在"危险、有害"的危机感，强调的是"什么不能做、不能吃"。相比之下，"乐活族"的态度，是乐观和包容的，强调过健康、快乐的日子，关心环境生态，等于关心自己，体现了绿色消费心理需求的最高层次。根据马斯洛需求层次理论，人的需要可以分为生理、安全、爱与归属、尊重及自我实现五个方面。乐活这个概念的出现体现了绿色消费心理需求的最高层次，即消费者希望通过绿色消费行为传递其环保价值观和绿色生活方式，实践其环境保护的理想。

（三）绿色生产企业是绿色消费的源头

近几年，我国绿色消费产品的生产不断扩大，生产绿色产品的企业不断增加，使我国绿色产业得到快速发展。通过十多年的不懈努力，我国绿色食品发展显著，已建立起相对完善的绿色食品工程管理的相关制度以及较为严格的标准认证体系，拥有大量的会员单位和成功通过认证的产品。据中国绿色食品发展中心数据显示，截至2015年10月底，我国绿色食品企业总数达9500多家，产品数量超过23100个。其中，2014年底到2015年10月，我国绿色食品企业新增 800 多家，绿色食品产品数量增加 2100个。① 同时，许多新型行业企业也加入绿色生产市场。绿色服装与用品已经进入市场，早在 20 世纪末，我国已经对生态纺织品评价及检验标准正式立项，防辐射的西服、衬衫、围裙、孕妇装等绿色服装早已屡见不鲜。我国汽车行业、工程机械行业也进入了绿色环保时代，中国第一汽车集团公司生产出红旗牌的绿色汽车；我国研制成功世界上第一部 LNG（液化天然气）挖掘机；绿色住房也不断实现创新，达到了尽量使得室内的氛围体现出绿色特征的基本要求。

绿色产品的走红传递了积极的市场信号，进一步倒逼生产厂家实施绿色生产，从供给侧进行绿色化改革，从而推动节能环保等战略新兴产业的发展，建立起循环、绿色、低碳的经济体系，推动消费模式向绿色化转变。这对企业提出了新的要求，企业应树立绿色发展理念，加强技术创新，推进绿色产品的生产，丰富绿色产品的供给结构，引导消费者转向绿色消费。

第一，企业要致力于生产绿色产品。只有迎合市场需求，开发和生产绿色产品，实现产品升级换代，企业才能在激烈的竞争中获得生存与发展。企业要树立环境保护意识，不仅要设计绿色产品，而且要加强技术的创新与研发，丰富绿色产品的品种和数量，降低成本和价格。企业要放弃粗放型的生产经营模式，走资源节约、清洁生产之路。具体而言，以"减量化、替代化、再利用、资源化、系统化"为导向，加快研究资源替代技术、能量节约技术、零排放技术、材料替代技术、回收处理技术、循环利用技术、产业延伸技术，积极开发太阳能、风能、海洋能、生物能等可再生能源或无污染能源，不仅提高了资源的利用率和开发价

① 近五年我国共撤销 392 个绿色食品产品标志使用权 ［EB/OL］. http：//www. gov. cn/xinwen/2015 – 11/21/content_ 2969780. htm.

值，而且通过采取相关措施对资源及废弃物进行回收利用，让废弃物给社会带来一定的经济效益。

第二，企业要积极推行绿色营销。企业应该转变传统营销方式，根据消费者的绿色需求，在营销方案中突出绿色产品的特点。从绿色产品品牌命名、商标设计和颜色设计等方面反映绿色文化内涵，将富有生态文明气息的文字、图案等融入产品的生产制造上，突出绿色形象引起消费者的注意及兴趣，满足消费者的心理和行为需要。举行以绿色消费为主题的营销活动，采用杂志、电影、漫画等形式增加消费者对绿色消费内涵的了解，营造良好的市场氛围，促进萌芽型消费者购买意愿的变更。

第三，企业要保证绿色营销渠道的畅通，将绿色产品顺利地传递到消费者手中。具体而言，企业可以通过绿色专卖连锁店、绿色产品批发市场或交易会、连锁超市绿色产品交易平台，实现绿色产品与生产基地、营销渠道的有效对接。同时，采取试用、馈赠、竞赛、优惠等促销策略进行绿色产品的宣传、推广，加大绿色广告投放，参与社交联谊、环保公益、企业公共关系等活动，宣传绿色技术、绿色生产、绿色产品等，营造绿色营销的氛围，为绿色消费建立广泛的社会基础和群体基础。

（四）政府的政策法规是绿色消费的主导

随着消费需求不断升级，我国的绿色供给体系需要不断提升和完善。从绿色制度供给方面来看，绿色消费的法律机制、绿色产品的权威认证和标识、实现全生命周期管理、绿色生态教育和绿色消费知识普及等问题还亟待解决。构建绿色消费模式，有必要从消费源头抓起，对供给侧进行绿色化改革，推动消费模式绿色化转向。

第一，政府要重视健全和完善与绿色发展及消费相关的法律机制。根据不同的行业制定差异化的环境质量标准，为广大消费者提供一个良好的、公平的、有序的绿色消费环境，保障消费者绿色消费权益，让人们的绿色消费、低碳消费、循环消费获得法律保障。政府应加强制度建设，积极实施产品认证制度，加强绿色消费立法和绿色标准制定工作，建立绿色消费基本规范、评价标准、监督机制、管理制度，建立涵盖资源、产权、市场、产业、技术、生产、消费、贸易、包装、回收、财政、金融等方面的绿色消费保障制度、规范体系和激励机制。政府要建立绿色消费管理制度、规划制度、评价制度、考核制度、责任制度，制定绿色消费及循环经济绩效考核办法及评价指标，完善并严格执行绿色核算体系，把绿色生产、绿色营销、绿色消费、绿色环保等各项指标，作为政府和企业发展循环经济、推动经济社会发展的重要指标。

第二，政府要加强舆论教育。通过制度化、系统化、大众化的教育，积极引导绿色消费理念，向消费者普及环境保护意识和绿色消费知识，使绿色消费成为全体消费者的责任意识和自觉行动。通过加强绿色消费理念的宣传，推进绿色消费观念的更新、绿色消费结构的建立、绿色消费方式的形成，并逐步完善环境伦理和生态文明，为社会营造一个安全、健康、舒适、环保的消费环境。同时，将绿色消费观念作为学校教育的重要组成部分，渗透到自然科学、技术科学、人文科学等教学与实践环节，有效依托环境保护日、节能减排周、循环社会月等活动，充分利用电视、广播、报纸、杂志等媒体，进行绿色消费理念的宣传及普及。

第三，运用经济杠杆构筑绿色消费模式。通过给予经济鼓励和信贷支持，减少税收、增加补贴、放宽准入门槛等方式，大力支持和鼓励企业开展绿色生产。给予生产方式绿色化的企业以政策保护、税收优惠和资金上的补贴，实施物价补贴、企业亏损补贴、税前还贷等直接财政补贴支持；对非绿色产品、资源性产品实施限额购买及累进制收费，并开征垃圾税、环保税、原生材料税等新税种，结合专项资金与财政补贴制度、税收制度、价格制度、收费制度、押金制度、采购制度、投资制度、金融制度等经济措施，缩小绿色产品与普通产品间的价格差，鼓励企业生产及消费者购买和使用绿色产品、可再生产品、可重复利用产品、可回收使用产品，切实推动绿色经济的发展。

第四，制定政府绿色采购制度，从国家行为出发，为广大人民群众作出示范与行为引导。政府绿色采购是指在政府采购中选择那些符合国家绿色标准的产品和服务。通过专门立法或政府令等形式强制推行或鼓励绿色采购，对社会消费能够起到示范、引导和推动作用。政府通过建立政府绿色采购信息网络、制定绿色采购规章制度和作业程序、掌握绿色产品清单、培训绿色采购人员等，利用其庞大的采购力量，优先购买对环境友好的产品。这可以鼓励企业生产绿色产品，既能推动企业的技术进步，开发和生产绿色产品，也能引导消费者选择绿色产品，提高绿色消费意愿，从而推动绿色消费的发展。

第五，政府可以通过加强对绿色产品的检测与产品标识的统一管理，保障为市场提供安全的、健康的绿色产品，净化市场环境。加强对绿色标志产品的科学认证与管理，政府对绿色产品进行积极支持和鼓励，也有助于消费者绿色消费行为的引导。积极发布关于绿色产品的信息，增加消费者的环保知识，积极曝光有害食品，严格打击假冒伪劣产品。绿色标志是消费者识别绿色产品的重要信息，它有助于提高消费者的环保意识，避免买到假冒伪劣绿色商品。通过对绿色产品进行科学认证和严格管理，一方面可以杜绝假冒伪劣绿色产品的出现，增强消费者对绿色产品的信心；另一方面也能鼓励企业生产经营经过认证的绿色产品。

【小贴士】

环保标志知多少？

1. 中国环境标志。绿色环境标志是由政府部门、公共或民间团体依照一定的环保标准，向申请者颁发并印在产品和包装上的特定标志，用以向消费者证明该产品从研制、开发到生产、运输、销售、使用直到回收利用的整个过程都符合环境保护标准，对生态环境和人类健康均无损害。1977年，德国率先提出"蓝天天使"计划，推出"绿色标志"。我国从1994年开始实施"绿色标志"。环境标志作为市场营销环节的一种环境管制措施，最近几年已有不少国家相继实行，其主要目的在于提高产品的环境品质和特征，体现环保意识。

"中国环境标志"的图形由中心的青山、绿水、太阳及周围的十个环组成。图形的中心表示人类赖以生存的环境，外围的十个环紧密结合，环环紧扣，表示公众参与，共同保护环境。整个标志寓意为"全民联合起来，共同保护人类赖以生存的环境"。十环标志（十环I型标志）是指在产品或其包装上的一种"证明性商标"。它表明产品不仅质量合格，而且符合特定的环保要求，与同类产品相比，具有低毒少害、节约资源能源等环境优势。可认证产品分类包括：办公设备、建材、家电、日用品、办公用品、汽车、家具、纺织品、鞋类等。对企业而言，绿色标志可谓绿色产品的身份证，是企业获得政府支持，获取消费者信任，顺利开展绿色营销的重要保证。

2. 中国能效标识。能效标识又称能源效率标识，是附在耗能产品或其最小包装物上，表示产品能源效率等级等性能指标的一种信息标签，目的是为用户和消费者的购买决策提供必要的信息，

以引导和帮助消费者选择高能效节能产品。中国
能效强制实施的产品有：显示器、液晶电视机、
等离子电视机、电饭锅、电磁炉、家用洗衣机、
电冰箱、储水式电热水器、节能灯、高压钠灯、
打印机、复印机、电风扇、空调等。

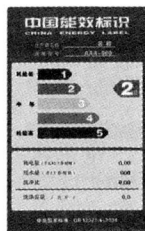

　　能效标识为蓝白背景，顶部标有"中国能效
标识"字样，背部有黏性，要求粘贴在产品的正面面板上。标识
的结构可分为背景信息栏、能源效率等级展示栏和产品相关指标
展示栏。作为一种信息标识，能效标识直观地明示了用能产品的
能源效率等级、能源消耗指标以及其他比较重要的性能指标，而
能源效率等级是判断产品是否节能的最重要指标，产品的能源效
率等级越低，表示能源效率越高、节能效果越好、越省电。目前
我国的能效标识将能效分为1、2、3、4、5共五个等级，等级1表
示产品达到国际先进水平，最节电，即耗能最低；等级2表示比较
节电；等级3表示产品的能源效率为我国市场的平均水平；等级4
表示产品能源效率低于市场平均水平；等级5是市场准入指标，低
于该等级要求的产品不允许生产和销售。为了在各类消费者群体
中普及节能增效意识，能效等级展示栏用3种表现形式来直观表达
能源效率等级信息：一是文字部分"耗能低、中等、耗能高"；二
是数字部分"1、2、3、4、5"；三是根据色彩所代表的情感安排
的等级指示色标，其中红色代表禁止，橙色代表警告，绿色代表
环保与节能。

　　3. 中国节水标志。国家节水标志由水滴、
人手和地球演变而成。绿色的圆形代表地球，
象征节约用水是保护地球生态的重要措施。标
志留白部分像一只手托起一滴水。手是拼音字
母 JS 的变形，寓意节水，表示节水需要公众

参与，鼓励人们从自己做起，人人动手节约每一滴水；手又像一条蜿蜒的河流，象征滴水汇成江河。手接着水珠，寓意接水，与节水音似。国家节水标志既是节水的宣传形象标志，同时也作为节水型用水器具的标识。对通过相关标准衡量、节水设备检测和专家委员会评定的用水器具，予以授权使用和推荐。

4. 中国节能产品认证标志。节能产品认证是国家经贸委为配合《中华人民共和国节约能源法》的有效实施而推出的一项重要节能措施，依据我国相关的认证标准和技术要求，按照国际上通行的产品认证制定与程序，经中国节能产品认证管理委员会确认并通过颁布认证证书和节能标志，证明某一产品为节能产品的活动，属于国际上通行的产品质量认证范畴。

中国节能产品认证标志，由"energy"的第一个字母"e"构成一个圆形图案，中间包含了一个变形的汉字"节"，寓意为节能。缺口的外圆又构成"CHINA"的第一字母"C"，"节"的上半部简化成一段古长城的形状，与下半部构成一个烽火台的图案，一起象征着中国。"节"的下半部又是"能"的汉语拼音第一字母"N"。整个图案中包含了中英文，以利于国际接轨。

中国节能产品认证标志的所有权属于中国节能产品认证管理委员会，使用权归中国节能产品认证中心。凡盗用、冒用和未经许可制作本标志，将根据《中华人民共和国节约能源法》追究当事人的法律责任。

5. 绿色食品标志。绿色食品标志是由绿色食品发展中心在国家工商行政管理总局商标局正式注册的质量证明标志。它由三部分构成，即上方的太阳、下方的叶片和中心的蓓蕾，象征自然生态；颜色为绿色，象征着生命、农业、环保；图形为正圆形，意

为保护。AA 级绿色食品标志与字体为绿色，底
色为白色，A 级绿色食品标志与字体为白色，底
色为绿色。整个图形描绘了一幅明媚阳光照耀下
的和谐生机，告诉人们绿色食品是出自纯净、良
好生态环境的安全、无污染食品，能给人们带来
蓬勃的生命力。

　　绿色食品标志还提醒人们要保护环境和防止污染，通过改善
人与环境的关系，创造自然界新的和谐。按国家商标类别划分的
第 29、30、31、32、33 类中的大多数产品均可申报绿色食品标志。
如第 29 类的肉、家禽、水产品、奶及奶制品、食用油脂等；第 30
类的食盐、酱油、醋、米、面粉及其他谷物类制品、豆制品、调
味用香料等；第 31 类的新鲜蔬菜、水果、干果、种子、活生物等；
第 32 类的啤酒、矿泉水、水果饮料及果汁、固体饮料等；第 33 类
的含酒精饮料。绿色食品标志作为一种产品质量证明商标，其商
标专用权受《中华人民共和国商标法》保护。标志使用是食品通
过专门机构认证，许可企业依法使用。

　　6. 无公害农产品标志。根据 2002 年 1 月 30
日我国颁布的《无公害农产品管理办法》，"无
公害农产品"指的是产地环境、生产过程和产
品质量符合国家有关标准和规范的要求，经认证
合格获得认证证书并允许使用无公害农产品标志
的未经加工或者初加工的食用农产品。

　　全国统一无公害农产品标志标准颜色由绿色和橙色组成。标
志图案主要由麦穗、对勾和无公害农产品字样组成，麦穗代表农
产品，对勾表示合格，橙色寓意成熟和丰收，绿色象征环保和
安全。

　　7. 有机产品标志。中国有机产品标志的主要图案由三部分组

成，即外围的圆形、中间的种子图形及其周围的
环形线条。外围的圆形形似地球，象征和谐、安
全；圆形中的"中国有机产品"字样为中英文结
合方式，既表示中国有机产品与世界同行，也有
利于国内外消费者识别。标志中间类似于种子的
图形代表生命萌发之际的勃勃生机，象征了有机产品是从种子开
始的全过程认证；同时昭示出有机产品就如同刚刚萌发的种子，
正在中国大地上茁壮成长。种子图形周围圆润自如的线条象征环
形道路，与种子图形合并构成汉字"中"，体现出有机产品植根中
国，有机之路越走越宽广。同时，处于平面的环形又是英文字母
"C"的变体，种子形状也是"O"的变形，意为"china organic"。
绿色代表环保、健康，表示有机产品给人类的生态环境带来完美
与协调。橘红色代表旺盛的生命力，表示有机产品对可持续发展
的作用。

有机产品是根据有机农业原则和有机产品生产方式及标准生
产、加工出来的，通过合法的有机产品认证机构认证并颁发证书
的一切农产品。中华人民共和国国家标准 GB/T 19630—2005《有
机产品》中定义：有机产品是生产、加工、销售过程符合本部分
的供人类消费、动物食用的产品。"本部分"范围指：农作物、食
用菌、野生植物、畜禽、水产、蜜蜂等各种生物。在我国，有机
产品必须符合几个条件：按照我国有机产品标准生产；经过国家
认监委认可的认证公司认证，并颁布有机认证证书。

（五）媒体引领绿色消费新风尚

在当今信息大爆炸的时代背景下，报刊、电视、广播等传统
媒体和网络媒体、手机媒体、数字电视等新媒体成为绿色市场的
一个重要因素。媒体的正面宣传能够弘扬绿色消费观念，宣传绿

色消费知识，呼吁抵制不良消费行为，引领绿色消费新风尚。

第一，媒体的传播和渗透能够推广和普及绿色消费的基本知识。媒体大力宣传绿色消费知识，有助于帮助企业、个人树立生态环保的绿色消费理念，提高辨别绿色产品的能力，自觉养成绿色消费行为习惯。媒体宣传绿色消费知识，不仅能帮助人们了解绿色消费知识，以自觉践行绿色消费理念，还能够大力抨击不良消费行为，监督企业绿色生产、督促民众养成绿色消费良好行为习惯。媒体推广国外绿色消费成功经验和发展趋势，带动绿色环保的先进理念的学习和借鉴，有效推动绿色消费模式培育。

第二，媒体的传播和渗透能够帮助人们树立绿色消费观。媒体将绿色发展与绿色消费模式培育渗入宣传内容中，指导消费者把握绿色消费的内涵及意义，掌握消费模式发展趋势，引导人们绿色消费行为的实现。媒体宣传绿色消费理念，提高全民绿色消费意识，渗入日常生活衣、食、住、行各个方面，自觉选择绿色产品，践行绿色消费理念。

第三，媒体的传播和渗透能够营造绿色消费氛围。媒体宣传消费模式的发展趋势并进行广泛推广，让人们更多地意识到绿色发展对整个人类及自然的重要性，从而正确处理人与自然的关系、保证自然资源的有效利用和可持续发展。媒体倡导对自然资源的尊重与保护，顺应时代发展的潮流，培育有利于环境保护和生产发展可持续的绿色消费模式，有助于绿色消费理念在全社会的广泛流通。

绿色消费能够兼顾个人的全面发展、人类的整体利益和环境保护等多方面的要求，使得人们在选购产品和服务时，既有利于自己的身心健康，又不破坏生态环境，也不会对子孙后代的生存和发展构成威胁。发展绿色消费，需要政府、企业、消费者等多方共同努力。政府应提高收入水平，完善收入分配政策；完善相关法律法规，进行税制改革；运用各种政策与经济措施鼓励企业，加大监管和打击力度；推进公共机构带头绿色消费，引导居民践行绿色生活方式和消费模式。企业应坚持绿色标准，加强对各环节的控制；针对消费者的需要，增加绿色产品和服务供给；使绿色观念成为企业理念及文化的重要组成部分，将环保目标与企业的经营管理目标融为一体。消费者要树立绿色消费意识，并将绿色消费观念转化为实际行动。媒体应加强宣传绿色消费理念，营造良好环境和氛围，进而影响人们的价值观念和思维方式，促进绿色消费的长远、快速、健康发展。

【专家论道】

我国绿色消费市场发展

阿里研究院通过对阿里零售平台上亿件商品的交易数据进行分析，发布的《2016年度中国绿色消费者报告》显示，截至2015年底，我国在线绿色消费者群体达6500万人，占活跃用户数的16%，四年内增长14倍。阿里大数据分析显示绿色渗透率在23～28岁的年轻人群中扩散速度最快，四年间提升了16.7个百分点，显著高于全年龄段12.8个百分点的提升平均值，深绿色消费者（年均消费20次以上）不断增加，绿色消费理念在低线城市认同度与一、二线城市基本持平，显示中国绿色消费理念在中小城市的接受程度不断提升。虽然目前绿色消费人群只占我国人口的5%，但这一数字在一些西方国家已超过50%，因此，我国还有巨大增长空间。

据《京东发布绿色消费发展报告》显示，2017年上半年，京东平台的绿色消费金额同比增长86%，高于平台整体市场增速41个百分点，对平台销售额贡献率达14%。绿色消费群体也不断扩大，2017年上半年京东绿色消费覆盖人群同比增长62.2%，无论从销售额还是从消费人群看，绿色消费越来越受到追捧。2017 年上半年，广东、北京和江苏的绿色消费用户占比最高，分别为14.5%、10% 和 8.6%。北京、广州、上海的绿色销售额占比最高，分别为 25.5%、19.9% 和 16.2%。其中，北京、上海、重庆的人均绿色消费水平明显高于其他地区。2017 年上半年，京东平台上国产品牌的绿色产品销售额占整体市场销售额的比重超过80%。从品类看，国产品牌的绿色家装家居和绿色食品饮料销售额占该品类绿色销售额的比重超过 90%，国产品牌的绿色大家电销售额占绿色大家电销售额的比重为 87.3%，较上年同期增加 3.9个百分点，对绿色消费贡献率达 49.6%。

　　两大电商平台数据说明我国的绿色消费增长显著，越来越多的消费者开始熟悉和接纳绿色消费的观念。绿色消费已经从高知小众人群的"时髦"转变为大众消费的"潮流"，人们消费模式和生活方式的绿色化趋势日渐明显，绿色消费的时代已真正到来。

资料来源：阿里研究院. 互联网正成为绿色消费领域新的主战场[EB/OL]. http：// finance. sina. com. cn/roll/2016 – 08 –03/doc – ifxunzmt 2101939. shtml？qq – pf – to = pcqq. discussion，2016 – 08 – 03.

问题三 如何在家庭生活中体验绿色消费

　　绿色消费是一种与消费相关的环保行为，是环保行为在消费领域的体现。绿色消费与人们的饮食起居息息相关。消费者自身消费行为的改变会对环境保护带来重要影响，消费者每天的生活都要面对多个选择，是对自己有利，但是对环境不利；还是对自己不利，但是对环境有利。比如，使用节能灯，还是普通的白炽灯；骑自行车或乘坐公共交通出行，还是开私家车出行；购买小型的、节能汽车，还是能耗高的汽车；对废旧物品进行回收再利用，还是随便丢弃等。随着消费者环保理念的不断提升，生态文明理念和绿色消费观念日益深入人心，越来越多的人热衷于绿色健康消费，绿色食品、服装、家电、家具等绿色产品成为更多消费者的首选，绿色住宅、新能源汽车等成为绿色消费的新趋势，这些将成为未来消费升级的主要方向。绿色消费观念是指倡导人们从点点滴滴的生活细节着手，使购买绿色产品、绿色出行、绿色居住成为人们的自觉行动，实现自然、环保、节俭、健康的绿色生活。每一个家庭都应该响应绿色生活、低碳环保的理念，从产品的选择以及生活习惯上来为保护地球贡献力量，塑造一个个完美环保健康的新家庭。

一、绿色服装

（一）"绿色"服装的概念

服装是人类生活的必需品，作为最贴近人们生活的产品，服装也会危害环境和人类安全。首先，在服装原材料如棉、麻纤维的种植过程中，为控制害虫、植物病毒和杂草的侵蚀，确保其产量和质量，大量使用杀虫剂、化肥和除草剂。这不仅危害自然环境，也会导致农药残留于棉花、麻纤维之中，虽然在服装之中含量甚微，但长期与皮肤接触，危害极大。其次，在原料储存时，要用五氯苯酚等防腐剂、防霉剂、防蛀剂，这些化学物质残留在服装上，轻者会引起皮肤过敏、呼吸道病症或其他中毒症状，重者会诱发癌症。此外，我国纺织品一直沿用纺纱织造染整个传统工艺。在织布过程中，使用的氧化剂、催化剂、去污剂、增白荧光剂等化学物质，又一次在服装上驻足。另外，最有害的处理过程就是印染。现代人追求生活丰富多彩，服装更要色彩多变。颜色越来越丰富的染料被研制出来，棉纺织品被染得五颜六色。漂亮的目的固然达到了，但印染中使用的能诱发癌变的偶氮染料中间体、甲醛和卤化物载体及重金属却残留在服装上。由此可知，一件服装在变为成品的过程中残留毒素的机会是很多的。随着社会的发展，人们生活模式和价值观在不断提升和改变，人类对生态环境和自身安全的保护意识越来越强。社会经济的不断发展加快了消费者观念的更新，催生了消费者新的购买需求，绿色服装的应运而生是市场发展的必然现象。自1994年德国政府颁布禁止使用有毒染料规定以来，欧盟、日本等国家和地区也对纺织品进行了严格的限制。"绿色服装"消费趋势呈现一种势不可挡的状态。

绿色服装是指经过毒处理测试并且具有相应标志的服装，要求服装设计的每一个决策都要充分考虑环境因素，尽量减少对环境的破坏，其核心是"3R+1D"，即 Reduce、Reuse、Recycle 和 Degradable，要满足健康、安全、舒适和可持续发展，使人与自然和谐相处，相互依存。Oeko‐Tex 标准认证是目前世界上最权威的、影响最广的纺织品生态标签。Oeko‐Tex 标准分为三等：一等是普通环保指标；二等表示全部使用天然染料；三等表示不仅染色使用天然材料，而且纺织品全部使用天然纤维。

绿色服装也称"生态服装""环保服装"或"低碳服装"，它是以保护人类身体健康使其免受伤害为目的，并对周围环境不造成污染的纺织品，有无毒、安全、保健、可回收等优点，而且在使用和穿着时给人以舒适、松弛、回归自然、消除疲劳、心情舒畅感觉的纺织品。绿色服装在服装生产、使用、废弃即整个生命周期中，具有加工生产过程对环境污染小、日常穿着对人体安全无害、废弃后可进行回收或再生处理等特点。

绿色服装必须包括三个方面内容。

一是生产生态学，即生产上的环保。从能源和资源角度考虑，在生产和使用过程中，尽可能的少用、合理使用资源和能源。服装材料天然纤维（如植物纤维和动物纤维）在种植或饲养过程中，所用的肥料、饲料、除草剂、生长剂、消毒剂等对人类应是无毒无害的；面料生产加工过程应不释放出有害气体，并且排水符合卫生要求。

二是用户生态学，即使用者环保。要求服装对用户不带来任何毒害，如选用纯棉织物、麻织物、毛织物、丝织物等天然纤维面料，选用新型生态环保型面料，采用天然无毒辅料。服装要在穿着和使用过程中，最大限度地保证人类安全和身体健康要求，使服装卫生、安全、舒适。

三是处理生态学，即指服装或织物使用后的处理问题。如废弃物是否能回收，是堆积还是焚化等。服装在使用后的废弃过程中，即完成了其生命周期的最后时期，对生态环境不产生直接或间接、短期或长期的破坏。

从完整意义上看，绿色服装还应包括下列几方面的含义：

第一，充分考虑服装材料的可拆卸性、可回收性，使服装材料的选择达到资源利用率最高、能源消耗最低、对环境污染最小的目的。

第二，在服装绿色设计的初期，充分考虑其材料的回收可能性，回收价值大小，回收再利用的结构工艺性，并在结构设计中使服装符合服装卫生学和服装人体工学的要求。

第三，企业在纤维生产、纺织加工、染整加工和服装制造、包装运输各环节，符合生产生态学标准，最终产品符合绿色服装标准。

第四，服装在穿着洗涤过程中，消费者的安全和健康以及环境不会受到损害。

第五，服装废弃后，能在自然条件下重复利用、降解或不对环境造成新的污染。

【小贴士】

国际生态纺织品新标准"Oeko – Tex"

"Oeko – Tex"是目前全球纺织行业公认的权威生态纺织标准。1992 年 OEKO – TEX 国际环保纺织协会制定的 Oeko – Tex® Standard 100 禁止和限制使用纺织品上已知的可能存在的有害物质，包括 pH 值、甲醛、可萃取重金属、镍、杀虫剂/除草剂，含氯苯酚，可解理芳香胺染料、致敏染料、有机氯化导染剂，有机锡化物 (TBT/DBT)，PVC 增塑剂、色牢度、有机挥发气体、气味。纺织品上的 Oeko – Tex&reg 标签代表着经由分布在世界范围内隶属于国际环保纺织协会的十五个国家的知名纺织检定机构的测试和认证,产品在人类生态学上无害。只有按照严格检测和检查程序提供可证明质量担保的生产商才允许在他们的产品上使用 OEKO – TEX 标签。

2017 年 1 月,国际环保纺织协会发布了最新版 Oeko – Tex® Standard 100 生态纺织品检测标准和限量值要求,进一步提高对有害化学物质的监管。欧美地区许多大型采购商都将该标准作为产品采购的技术依据。我国纺织产品想要进入国际市场,必须改进生产工艺,加强产品生态安全把关,积极通过生态认证,才能增强产品在国际的认可度,提高产品的国际竞争力。此外,拥有 Oe-ko – Tex® Standard 100 证书的生态纺织品在市场上享有"信心纺织品"的美誉,不仅保证了消费者购买纺织品的安全性,也保证了产品销路更加畅通,而且具有很明显的价格优势,其价格比普通纺织品要高出 20% ~ 30%,是我国纺织企业未来发展的方向。

资料来源:国际生态纺织品新标准 4 月生效 [EB/OL]. 中国质量新闻网,http://www.cqn.com.cn/zggmsb/content/2017 – 02/16/content_ 3935132. htm,2017 – 02 – 16.

(二) 绿色服装材料

发展绿色服装首先要从原料这一根源着手,倡导服装面料以及辅料的绿色化、生态化。目前,国内常见的绿色服装面料主要包括棉花、麻类、蚕丝和动物毛等天然纤维和人造纤维。天然纤维是自然界原有的或经人工培植的植物、人工饲养的动物直接取得的纺织纤维,是纺织工业的重要材料来源。自然界中有些树木、草类也大量生长着纤维素高分子,但是不能直接当作纤维来应用,需要经过化学处理,不改变它的化学结构,仅仅改变天然纤维素的物理结构,从而制造出来可以作为纤维应用的且性能更好的纤维素纤维。

1. 天然绿色纤维。

（1）天然绿色植物纤维。绿色有机棉纤维是一种从源头上去除污染的棉纤维，既做到了纤维产品的原材料无污染（或少污染），又较为简单易得、可操作性强。在棉花种植过程中，采用有机耕作，多施有机肥料，采用生态防虫方法，少用或不用非生态农药和化肥，使收获的棉花少含甚至不含毒害物质，就可以得到绿色有机棉纤维。

天然彩色棉花简称"彩棉"，是利用现代生物工程技术选育出的一种吐絮时棉纤维就具有天然彩色的特殊类型棉花。用这种棉花织成的布无须化学染整，质地柔软而富有弹性，制成的服装经洗涤和风吹日晒也不变色。具有耐穿耐磨、穿着舒适，有利人体健康等特点。彩棉大大降低了生产成本，减少了普通棉织品染色对环境的污染。

采用生物基因技术，可以得到天然"不皱棉花"。据美国农业生活技术公司宣布，他们已经培育出带有外源基因的"不皱棉花"。这种基因来自能产生 PHB（聚轻基丁酸醋）聚合物的细菌，将这种细菌的基因导入棉花的细胞，生长出来的新棉花仍保留原有的吸水、柔软等性能，但其保暖性、强度、抗皱性均高于普通棉纤维。用这种"不皱棉花"制成的衬衫是免烫产品，消除了甲醛抗皱剂对人体的危害。

热带木棉树木棉纤维是所有天然生态纤维中最细、最轻、中空度最高、最保暖的纤维材质。它具有光洁、抗菌、防蛀、防霉、轻柔、不易缠结、不透水、不导热、生态、保暖、吸湿、导湿等优良特性。日本大和纺公司利用木棉纤维与其他纤维混纺开发出一系列纺织品已投放市场。其制成的织物表面美观、有光泽，在中高档服装、家纺面料等方面有很好地应用。

苎麻又称"中国草"，是中国特有的以纺织为主要用途的农作物，我国的苎麻产量约占世界苎麻产量的90%以上，全国目前有苎麻纺锭60多万。苎麻织物与同规格的棉织物相比较，具有凉爽、透气性好、吸湿散热快、出汗不沾身的特点，是夏季比较理想的衣料。

亚麻是人类最早使用的天然纤维之一，距今已有一万年以上的历史，优质亚麻原料主要出自欧洲的法国、荷兰、比利时等国家。中国是亚麻纺织大国，长三角地区和珠三角地区已经成为全球最主要的亚麻生产中心，世界70%的亚麻纤维加工在中国，80%左右的欧洲打成麻和二粗麻销往中国，中国亚麻纱线、亚麻坯布及亚麻制品贸易量已占全球贸易总量的60%以上。亚麻的吸湿性好，能吸收相当于自身重量20倍的水分，所以亚麻织物手感干爽，而且具有调温、抗过敏、防静电、抗菌的功能。我国具有麻资源优势，除苎麻、亚麻外，还有黄红麻和多种野生麻，其品种达百余种，生长地域达21个省，总数及纤维质量为世界之最。

罗布麻纤维是我国独有的一种麻纤维，有"野生纤维之王"的美誉，由于最初在新疆罗布泊发现，故命名为罗布麻。它是一种韧皮纤维，纤维细长而有光泽，呈非常松散的纤维束，个别纤维单独存在。罗布麻单纤维是一种两端封闭、中间有胞腔、中部粗而两端细的细胞状物体，横截面是带沟槽的椭圆形，中间有一个椭圆形的孔，使其具有吸汗、透气的功能，故是一种不可多得的天然纤维材料。罗布麻较其他麻纤维柔软，纤维洁白，质地优良。它除了具有一般麻类纤维的吸湿、透气、透湿性好、强力高等共同特性外，还具有丝一般的良好的手感，纤维细长，耐湿抗腐，其产品具有一定的医疗保健作用。

（2）天然绿色动物纤维。无染色羊毛是一种利于生态环境的纺织纤维。生物遗传技术应用在动物资源的纤维上，毛织物的颜色就是原来羊毛的颜色，如奶白色、棕色、灰色等，不经任何其他的染色加工工艺。澳大利亚培育出了产蓝色羊毛的绵羊，色泽从浅蓝、天蓝到海蓝。俄罗斯也培育出了彩色的绵羊，毛色有蓝、红、黄和棕色。美国加州动物专家经20多年选育培养出彩色长毛兔，毛皮有黑、褐、黄、灰、棕、蓝等多种色彩。20世纪80年代末，我国家兔育种育员会从美国某动物研究所引进的优良兔种，现有黑色、米黄色、咖啡色、青紫兰、银灰色及棕色等十多种颜色。"纯彩色兔毛纱线技术"利用原毛纺纱，对兔毛纤维不经任何物理、化学处理，不用加和毛油、抗静电剂。彩色兔毛比重轻、吸湿性强、保暖性好、摩擦系数小，具有独特的松毛外观效果。但彩色兔毛也存在着可纺性差，毛质脆、易断，加工及穿着时容易掉毛、单强低、静电大等致命弱点。我国利用基因技术试养有色蚕茧成功，生产的夏茧产量与白色蚕茧不相上下，续生丝品质达到了 A 级以上。

蜘蛛丝具有卓越的强伸度和高弹性。杜邦公司正运用生物工程技术着力研究 DNA 的重新联合，仿造蜘蛛丝。该公司首先用先进的计算机模拟技术建立蜘蛛丝蛋白质各种成分的分子模型，然后运用遗传学基因合成技术把遗传基因植入酵母和细菌，仿制出蜘蛛丝蛋白质，溶解后抽出的丝轻、强、有弹性，线密度可达真丝的1/10，强力是相同线密度钢丝的510倍。它有蚕丝的质地和手感，但强度更好，且易染色，可以用来制造防弹背心、头盔、降落伞绳、帐篷、军装等重量轻、强度大的军用物品。

2. 人造绿色纤维。

（1）人造绿色植物纤维。天丝（Tencel）是一种人造纤维素纤维，学名叫 Lyocell，是将树木等天然纤维素，采用有机溶剂（NMMO）纺丝工艺，在物理作用下制成的，整个生产过程无毒、无污染，而且原料来源丰富。天丝纤维的分子紧密规整，具有很高的分子间力，纤维强度比普通的粘胶纤维大 20% 左右，而且是一种性能优良的可生物降解的化学纤维。天丝纤维织物具有良好的吸湿性、舒适性、悬垂性和硬挺度，且染色性好、缩水率低等优良特性。通过对原纤化的控制，天丝纤维织物的后处理方法比粘胶纤维更广，可以得到各种不同的风格和手感，可做成桃皮绒、砂洗、天鹅绒等多种表面效果的织物，常用于织造服装和家纺面料。

莫代尔纤维（Modal）是一种纤维素纤维，与人棉一样同属纤维素纤维，是纯正的人造纤维。由产自欧洲的灌木林制成木质浆液后经过专门的纺丝工艺制作而成，来自于大自然的木材，使用后可以自然降解。其对人体和环境无害。莫代尔产品因为它本身具有很好的柔软性和优良的吸湿性，但其织物挺括性差的特点，现在大多用在内衣的生产。莫代尔纤维是一种高湿模量的纤维素再生纤维，质地柔软、顺滑、丝质感，穿着舒适、顺滑的质地、具有真丝一般的光泽，频繁水洗后依然柔顺，具有极好的吸湿性和透气性，富有亮丽的色彩，不会产生原纤化，是改善织物性能理想的混纺纤维。

竹纤维是以竹子为原料，通过预处理硫酸盐蒸煮及二次酸浴及二次牵伸等特殊、复杂的工艺处理，把竹内纤维素提取出来，再经纺丝等工序制造而成的再生纤维素纤维。竹纤维产品具有天然的抗菌、抑菌、杀菌的效果，因为竹子里面具有一种独特物质，该物质被命名为"竹琨"，具有天然的抑菌、防螨、防臭、防虫功能。在纤维素提纯纺丝过程中采用高科技工艺处理，提取的再生纤维素纤维，保护了竹子自身具有的抗菌、防紫外线物质，其织物经多次反复洗涤、日晒也不失抗菌、抑菌、防紫外线作用。竹纤维自然环保，具有良好的韧性、稳定性，并具有防缩水、防皱褶与抗起球的效果，同时不会造成过敏。竹子生长期短，2~3 年即可成材而且一次种植长期经营，竹子在一夜之间可以长高 1 米，它能够快速生长和更新，能够代替棉花、木材等资源，可持续利用。竹纤维制成的产品可在土壤中自然降解，分解后对环境无任何污染，是一种天然的、绿色的、环保型的纺织原料。

大豆纤维是以脱去油脂的大豆豆粕作原料，提取植物球蛋白经合成后制成的新型再生植物蛋白纤维，被称为 21 世纪的"生态纺织纤维"，是由我国纺织科技工作者自主开发，并在国际上率先实现了工业化生产，迄今我国获得的唯一完全知识产权的纤维发明，其中蕴藏着巨大的经济价值。大豆蛋白纤维的主要原料是来自于大自然的大豆粕，数量大且具有可再生性，其废弃物可完全降解。在大豆蛋白纤维生产过程中使用的辅料、助剂均无毒，且大部分助剂和半成品纤维均可回收重新使用，生产过程符合环保要求，不会对环境造成污染。大豆蛋白纤维单丝纤度细、比重小、强伸度高、耐酸耐碱性好，既具有天然蚕丝的优良性能，又具有合成纤维的机械性能。用它纺织成的面料，具有羊绒般的手感、蚕丝般的柔和光泽，兼有羊毛的保暖性、棉纤维的吸湿和导湿性，穿着十分舒适，而且能使成本下降 30% ~40%。大豆蛋白纤维含大豆蛋白质与皮肤亲和力好，手感柔软，吸湿、导湿性好，特别适用于针织内、外衣产品，纤维中含有抗菌剂，具有保健卫生功能，在高档针织内衣领域已显示较大的开发前景。

新型纤维素纤维 VILOFT 是由世界上最大的纤维素纤维生产厂家之一的英国 Acordis 公司自天丝之后投放市场的又一新型特种木浆纤维素纤维。其主要原料是来自于自然界的人工种植林区树木的木浆，具有可再生性，其生产过程近似于天丝，生产过程中所使用的辅料、助剂均无毒，不会对环境造成污染，且大部分助剂和半成品纤维均可回收重新使用，是一种绿色新型环保纤维素纤维。该纤维具有独特的扁平纤维截面，能在织物中构造大量的空间气囊，较之常规纤维素纤维而言，具有较好的强力、弹性、保暖、抗静电等特点。由此纤维织成的织物，具有很好的吸湿性、悬垂性、抗皱性，手感柔软滑爽，有很好的手感和光泽，特别是与棉、涤纶混纺的织物相比，更显现其优点。

（2）人造绿色动物纤维。牛奶纤维是根据天然丝质本身所含蛋白质较高的原理，将液态牛奶去水、脱脂、加上揉合剂制成牛奶浆，再经湿纺新工艺及高科技手段处理而成。牛奶纤维比棉、丝强度高，比羊毛防霉、防蛀性能好，具有亲肤性强、手感舒适自然、色泽亮丽、易染色等特性，可以纯纺，也可以和羊绒、蚕丝、绢丝、棉、毛、麻等纤维进行混纺。它还具有天然的抑菌功能，且持久性强，天然抑菌功能达99%以上，抗菌率达80%以上。牛奶纤维是一种新型绿色环保性纤维，不使用甲醛偶氮类助剂或原料，纤维甲醛含量为零。牛奶丝面料质地轻盈、柔软、滑爽、悬垂、穿着透气、爽身，外观光泽优雅、华贵、色彩绚丽，可开发高档内衣、衬衫、豪华床上用品等。

甲壳素纤维和壳聚糖纤维是用甲壳质或壳聚糖溶液经高科技加工纺制而成的纤维，是继纤维素之后的又一种天然高聚物纤维。甲壳质是由虾、蟹、昆虫的外壳及菌类、藻类的细胞壁中提炼出的一种天然生物高聚物。壳聚糖是甲壳质经处理脱去乙酰基的产物。在自然界甲壳质的年生物合成量约1000亿吨以上，是一种仅次于纤维素的蕴藏量极为丰富的有机再生资源。甲壳质作为低等动物中的纤维组分，兼具高等动物组织中的胶原和高等植物纤维中纤维素两者的生物功能，因此生物特性十分优异，具有生物相容性好、生物活性优异、保湿、保温性好、生物降解性好的特征，具有透气、透汗等多种功能。甲壳素类似于人体骨胶原组织结构，使其具备极好的生物医学特性，即它对人体无毒无刺激，可被人体内的溶菌酶分解而吸收，与人体组织有良好的生物相容性，它具有抗菌、消炎、止血、镇痛、促进伤口愈合等功能。因此，甲壳素和壳聚糖是理想的医用高分子材料，广泛用于制造特殊的医用产品。由于制造甲壳素纤维的原料一般采用虾、蟹类水产品的废弃物，一方面，可减少这类废弃物对环境的污染；另一方面，甲壳素纤维的废弃物又可生物降解，不会污染周边环境，所以甲壳素纤维是很好的绿色纤维。

3. 合成绿色纤维。

（1）可降解合成纤维。在合成纤维中，可降解的脂肪族聚酯类纤维，如聚乳酸纤维（PLA）被认为是绿色纤维。聚乳酸纤维是采用可再生的玉米、小麦、甜菜等淀粉原料经发酵转化成乳酸，然后经缩聚和熔融纺丝制成。聚乳酸纤维是一种原料可种植、易种植，废弃物在自然界中可自然降解的合成纤维。它在土壤或海水中经微生物作用可分解为二氧化碳和水，燃烧时不会散发毒气，可以生物降解回归大自然，不会造成污染，因此被众多专家推荐为"21世纪的环境循环材料"。聚乳酸纤维不但有高结晶性，还具有透明性、高耐热性和高强度。在服装方面，聚乳酸纤维可制成纱线、织物、编织物、非织造布等，具有良好的可染性和生物相容性，制成的织物有丝般的光泽和手感；不刺激皮肤，对人体健康；穿着舒适，有优异的悬垂性和很好的滑爽性；具有良好的耐热性及抗紫外线功能，尤其适合于内衣和运动衣，有广阔的应用前景。聚乳酸纤维作为一种人工合成的绿色纤维，如果能在合成过程中提高绿色化水平，不仅可以进一步降低成本，而且对环境更友好，从而更具有优势。

（2）可回收合成纤维。对非降解聚合物材料废弃物的回收再利用是有效利用资源，减少对环境污染的重要途径之一。目前，国际上对聚酯等大规模工业化高分子材料的回收利用非常重视。在美国、德国、意大利等发达国家，已开始对聚酯饮料瓶、聚酯废丝进行回收，清洁、压碎后重新制造母料，再纺成高质量的纤维。另外，用回收废料纺制的聚酯纤维在服装上已获得应用。锦纶的回收主要集中于化纤地毯，对其用机械方法（如浮选、沉降、离心分离等）分离出锦纶粉末，在比较温和的条件下进行解聚，可得到单体己内酰胺，单体纯化后再缩聚、纺丝。经大量试验，回收后的己内酰胺质量非常接近原来的己内酰胺原料。锦纶、涤纶等合成纤维的回收利用，既可解决白色污染，又节约了资源，具有很强的现实意义。

绿色服装设计的兴起，推动现代服装进入了一个以材质取胜的时代，各国科研人员正在加紧研发各种采用新型纤维开发的面料，不断提高服装的附加值。英国科学家发明了霉菌丝面料，即把霉菌的菌丝体经人工培育繁殖制成一种新型无纺织物。这种无纺织物的面料柔软而轻薄。日本某公司把菠萝叶纤维浸入特殊油脂予以改质，织成了纯菠萝叶纤维的春夏服装衣料。菠萝叶纤维比绢丝还要细3/4，因此，用它织成的布料轻薄柔软，其服装穿着舒适。利用海藻内含有的碳水化合物、蛋白质、脂肪、纤维素和丰富矿物质等优点所开发出的海藻纤维面料，在纺丝溶液中加入研磨得很细的海藻粉末予以抽丝而成的。海藻具有保湿特点，并含有钙、镁等矿物质和维生素 A、维生素 E、维生素 C 等成分，对皮肤有美容效果。美国市场上新近出现一种可以吃的衣服，这种衣服的面料是由碱性蛋白质、氨基酸、果酱，以及铁、钙、镁等元素合成的 "人造维尼龙" 制成。该衣服极富营养，很适宜从事远航、勘探、登山和考察等工作者使用。此外，藕丝纤维、椰子纤维、香蕉纤维等果蔬类植物纤维也是较为成熟的植物纤维再利用。香蕉纤维蕴藏在香蕉树的韧皮里，全球约有129个国家种植香蕉，每年废弃量巨大的香蕉茎皮，经剥取后可以精炼加工成香蕉纤维。而香蕉纤维和棉纤维所合成的混纺织物，可制作牛仔服、网球服及外套等。菠萝纤维是从菠萝叶中提取的，用菠萝纤维制成的无纺布在外观上与帆布相似，质地硬，可批量生产后再加工成鞋、包、家具等。而椰子纤维则是椰树果实的副产品，从椰果皮（椰衣）中提取，由椰子纤维加工制作而成的服装材料不仅具有良好的延展性和活动性，更拥有天然椰子纤维所独有的超强吸湿性与速干的优点，符合户外运动装的功能需要。它们都属于废物循环再利用，不需要额外的土地、杀虫剂、肥料。一些设计师们还在孜孜不倦地开拓新材料，他们不仅将水果皮再利用，咖啡渣、鱼皮等也成为时尚界的宠儿。

（三）绿色服装设计

绿色服装就是从保护环境、生态出发，倡导服装面料以及辅料的绿色及穿着方式的生态化。通过对空间多层次、多维性的视觉形象设计，对材料的质感和肌理进行探索，充分发挥其材料的特性和可塑性，通过挖掘面料美来传达"绿色"服装设计的精神个性，所以，并不是说使用天然的纤维织物制作成的服装就是"绿色"服装。

绿色服装除了要求绿色服装材料，还要求从根本上防止环境污染，节约资源和能源，关键在于设计与制造，不能等产品产生了不良的环境后果再采取防治措施。绿色服装要简化、减少或取消产品废弃后的处理处置过程及费用，如"可回收性设计""为再使用而设计""可拆卸设计"等。

绿色设计面向产品的整个生命周期，着重考虑产品环境属性（可拆卸性、可回收性、可维护性、可重复利用性等），并将其作为设计目标，在满足环境目标要求的同时，保证产品应有的功能、使用寿命、质量等。绿色服装设计要求在服装整个生命周期中都把服装的绿色程度作为设计目标，在设计过程中，充分考虑产品在原材料获取、生产制造、运输销售、使用及回收处理对环境的各种影响。

绿色服装在设计时，要考虑服装的可拆卸性和可回收性。绿色服装必须能够并且方便地拆卸，减少可回收部件和材料再次使用所需的工作量。服装的拆卸就是从服装上有规律地拆下可用的部件的过程，同时保证不因拆卸过程而造成该部件的损伤，使废弃服装的部件可以被重新使用。服装拆卸的目的有两个：一是服装部件的重复利用，二是服装材料的回收。

绿色服装的回收设计不仅考虑最基本的材料回收，更关心的是在新产品中利用使用过的或废弃产品的部件和材料。绿色服装的回收设计能够使回收材料及残余废弃物易于分类和后处理，具有减缓资源、能源压力，保护生态环境等特点。服装的回收设计就是在进行产品设计时，充分考虑服装部件及材料的回收可能性、回收价值大小、回收处理方法、回收处理结构工艺性等与可回收性有关的一系列问题，以达到部件及材料资源和能源的充分有效利用，并在回收过程中对环境污染最小的一种设计思想和方法。

二、绿色食品

（一）绿色食品概述

工业化生产下食品供应量大幅提高，但是工业化的弊端是食品生产过程中添加了大量不利于人们身体健康和自然环境的化学物质。随着社会进步和人民生活水平不断提高，消费者对价格更为昂贵的绿色食品的需求从数量和质量上都在大大增加。进入21世纪以来，人们的消费观念开始向质量型转变，对食品在安全、卫生、健康、环保等方面的需求越来越严格。"可持续发展""绿色食品"等相关概念相继被提出，各国政府纷纷积极发展绿色食品，走绿色经济路线，绿色食品由此也成为了发展经济的重心之一。

我国的绿色食品事业自 1990 年启动，至今已走过了 28 年的历程，获得了长足发展，总量规模逐年扩大，市场影响不断增强，示范带动作用日益明显。依托品牌，绿色食品已形成了一个从基地建设、投入品推广，到产品开发、市场营销较为完整的产业体系。绿色食品产业在节约资源和保护环境、优化农业产业结构、促进农业增产增收、强化食品安全等方面具有重要意义。国家农业部和地方各级政府都出台了绿色食品发展规划，把绿色食品产业的发展作为一项重要工作，对绿色食品产业采取各种扶持措施。

绿色食品是我国特有的概念，在农业部《绿色食品产地环境质量标准 NY/T391—2000》中，将绿色食品定义为：遵循可持续发展原则，按照特定的生产方式生产，经专门机构认定，许可使用绿色食品标志商标的无污染的安全、优质、营养类食品。具体而言，绿色食品主要是指种植或生产过程中低量或不使用化肥、化学添加剂、防腐剂等物质的自然食品。有些消费者机械地认为绿色食品就是指种植绿色的农作物；绿色食品就是不使用农药化肥、食品。其实这是一种错误的认识。绿色食品是在吸收传统农业长处的基础上，引用了新型高科技设备参与生产，兼顾了农业发展和环境保护，涵盖了农业生产的各个方面，是对传统农业的继承和改良，绿色食品在生产过程中也不是完全拒绝农药、化肥，而是科学地使用农药、化肥，更主要依赖于生物的内在机制。

绿色食品具有"三特"特征：一是按特定方式生产，以生产绿色、无污染食品为核心的产业经营方式，具有持续性、综合性；二是经特定机构认定，中国的绿色食品认证与商标许可机构是中国绿色食品发展中心；三是使用特定的绿色食品标志，安全、有营养食品。绿色食品的重点集中在生产环节，主要涉及生态环境的保护和食品安全两方面。绿色食品是无公害、无污染、优质、安全、营养型的食品，对自然资源和生态环境要求非常高。依据目前的产品进行分类，可将绿色食品分成 5 个大类与 57 个小类。

（二）绿色食品与传统农业

绿色食品不是对传统农业的否定，而是对传统农业的继承和发展，是一种可持续发展农业，是一种内涵丰富的新型农业。绿色食品是农业发展的必然趋势，主要涵盖了绿色食品、生态环境保护等方面。大力发展绿色食品，有利于提高人们的生活质量，有利于保护生态环境。与传统农业相比，绿色食品有着鲜明的特征。

1. 绿色食品是可持续性产业。传统农业目的单一，只注重增加农户收入，在农产品种植过程中，大肆开发土地资源，过度使用农药化肥，污染了环境，破坏了生态平衡；而绿色食品遵循可持续发展的方针政策，强调合理使用工业用品，注重土地、水资源的保护，稳定了生态系统结构，体现了发展循环经济的原则，推动了农业可持续发展。

2. 绿色食品是全面发展的产业。传统农业只是发展自身，不考虑其他外在因素；而绿色食品不仅仅旨在促进农业发展，它实现了社会、经济和生态环境的全面发展。绿色食品优化了农业环境，确保了生态安全；生产绿色食品，确保了食品安全，提高了人们生活质量，维护了社会和谐；提高了农业经济效益，带动了整体经济发展。

3. 绿色食品是标准化的产业。传统农业在整个生产过程中没有明确、详细的规定，不合规、超标准生产屡见不鲜；而绿色食品产业对整个过程实施标准化控制，尤其强调对绿色食品的标准化生产。简单地说，绿色食品其实是在"绿色环境"下，采用

"绿色技术"进行"绿色生产"的农产品，国内外市场均对绿色食品制定了很高的标准，这些都要求绿色农业必须进行标准化生产。

4. 绿色食品是广泛性的产业。传统农业仅指表面意义上的农业，强调农业是单一的产业；而绿色食品以农林牧为主，把农工商、贸工农产业链作为外延，为加工业提供了丰富的原料，也为大宗产品出口奠定了基础，这些都间接促进了第一、第二、第三产业的发展。

【专家论道】

我国绿色食品市场的发展

我国农业部自 1995 年正式开始制定发布绿色食品标准，目前已经形成涵盖产地环境、生产技术、产品标准和储藏运输四部分标准的较为完善的标准体系，整体达到国际先进水平。绿色食品近几年在我国市场上日益走俏，消费者对绿色食品的认知度逐渐提高，尤其是城市中消费能力较高的中高收入人群成为绿色食品的消费主力，绿色食品国内销售额度呈现递增趋势，绿色食品逐渐深入到人们日常生活消费中。2013 年我国绿色食品产品国内销售额已达到 3600 亿元，2014 年突破 5400 亿元，全国绿色食品生产企业和农民专业合作社总数由最初的不到一百家发展达到 6860 多个，产品总数达到 1.71 万个，全国共创建 635 个绿色食品标准化生产基地，基地种植面积 1.6 亿亩，绿色食品总产量达 1 亿吨，带动农户 2010 万户，直接增加农民收入 10 亿元以上；中国绿色食品生产的发展，带动了农业标准化生产，也提高了农业生产的组织化和专业化程度。

2015 年全国有效使用绿色食品标志的企业总数达 9579 家，产品数量为 23386 种，年销售额达 4383.2 亿元，分别比 2011 年增长 45%、39% 和 40%。2016 年，我国已有 489 个单位建立了 696 个涵盖蔬菜、水果、茶叶、食用菌等绿色食品原料标准化生产基地，总面积1170万公顷，对接企业2716家，带动农户2198万户，每年直接增加农民收入15亿元。2016年绿色食品企业总数已突破1万家，产品接近2.5万个，部分产品已占主要农产品总量的5%～8%，呈现加速增长态势。与此同时，绿色食品产业链条显现出良好发展态势，从产业内到产业外，从种养殖业到生产加工业以及向休闲旅游业等领域的拓展，充分彰显出绿色食品产业的良好发展前景和较高的综合效益。

目前，发展绿色食品、有机农产品的国家级和省级农业产业化龙头企业已超过1500家，约占总数的30%。同时一大批农民专业合作社示范社也加入了发展绿色食品、有机农产品的行列。据市场调查，绿色食品比普通农产品价格平均高出10%～30%，有机农产品高出50%以上。

资料来源：近五年我国共撤销392个绿色食品产品标志使用权[EB/OL]. http：//www. gov. cn/xinwen/2015－11/21/content_ 2969780. htm，2015－11－21；我国农产品商标注册超200万件［EB/OL］. http：//finance. china. com. cn/roll/20160816/3860744. shtml；马爱国总畜牧师在全国绿色食品有机农产品座谈会上的讲话［EB/OL］. http：//jiuban. moa. gov. cn/sydw/lssp/zl/zyjh/201703/t20170329_ 5542891. htm，2017－03－29.

（三）绿色食品分类

20世纪末期，西方发达国家出现了有机食品、生态食品、自然食品等词汇，用以描述无污染的安全、优质、营养类食品。1990年5月，中国农业部将此类表达定义为"绿色食品"，并制定了相关行业标准与等级，用以区分绿色食品的品质。绿色食品按标准分为AA级绿色食品标准与A级绿色食品标准两个技术等级。AA级绿色食品在标准上高于A级绿色食品标准，AA级绿色食品禁止使用任何有害化学肥料、食物添加剂等；A 级绿色食品允许限量使用专门机构认证的高效低毒的化学合成生产资料。AA 级绿色食品要求在生产地方面，生产地的环境质量须符合《绿色食品产地环境质量标准》；在生产过程方面，在全过程中，以使用有机肥、种植绿肥、作物轮作、生物或物理方法等为技术手段，对土壤进行培肥、对病虫草害进行控制、对产品品质进行保护及提高，而不是使用有害于环境和人体健康的生产资料，如化学合成的农药、肥料、食品添加剂、饲料添加剂、兽药等，从而保证产品质量达到绿色食品产品标准要求。A 级绿色食品要求生产地的环境质量须符合《绿色食品产地环境质量标准》；生产过程方面，积极采用生物学技术和物理方法，限定使用化学合成生产资料，以绿色食品生产资料使用准则和生产操作规程为标准，以保证产品的质量符合绿色食品产品的标准与要求。

（四）绿色食品的要求

一是在产品生态环境方面，绿色食品产地的生态环境是绿色食品生产最基本的要求。绿色产品应产出于最好的生态环境之中。绿色食品在产前经过对生产环境严格的监测，产地、原料及其周围的生态环境都必须经过严格的检测，必须达到无污染的程度。对绿色产品生态环境的要求在开发无污染食品的同时，也保护和改善了生态环境，能够达到保护环境、发展经济、健康食品三者合一的目的。

二是对产品质量控制方面，绿色食品生产要求实现全程控制。不仅在产前控制生态环境，在生产过程中也要求全程严格执行绿色生产，在出产及销售的每一个产品链的每一个环节上严格要求，包括产品质量、卫生指标、包装、保鲜、运输、储藏、销售等在内的整个产业环节，要进行严格的控制，保证产品无论在外观包装、内部品质，营养价值和卫生安全指标等方面的全面达标，实现优质、安全、营养且无污染的产品。

三是在产品标志管理方面，绿色食品实行认证许可使用制度。绿色食品的认证许可部门为中国绿色食品发展中心，绿色食品标志作为绿色食品唯一官方认可的质量证明商标，是在国家工商局商标局注册的绿色食品标志。国家通过《中华人民共和国商标法》对该标志进行依法管理与保护，用以证明绿色食品优质安全的特性。证明商标只限于符合绿色食品产品标准的企业使用，产品在外包装上，也必须严格符合"四位一体"的要求——标志图形、"绿色食品"文字、编号及防伪标签必须清晰完整。

（五）绿色食品认证审核过程

绿色食品标志是经国家工商行政管理局商标局核准注册的证明商标。申请使用绿色食品标志的产品仅限于由国家工商行政管理局核准的"绿色食品标志商品涵盖范围"，即商标注册使用的商品类别。绿色食品的产品涵盖范围包括食用农产品及加工食品，涉及类别繁多。首先，希望获得绿色食品认证的企业需要向当地绿色食品发展中心提交相关的申请认证材料，包括企业资质、生产流程、产品包装设计、产量及经济效益等。其次，当地绿色食品发展中心对提交的申请认证材料进行初步审核，审核通过后，地方绿色食品发展中心与中国绿色食品发展中心合作的第三方物质分析检测企业需要到企业实地进行考察并进行环境监测抽样，并抽取企业实际产品进行物质分析化验。再次，在环境监测和产品检验之后，当地绿色食品发展中心将企业申请认证材料、环境监测报告以及产品检验报告一同提交中国绿色食品发展中心，由中国绿色食品发展中心进行最终审核，审核通过后，中国绿色食品发展中心与企业签署绿色食品认证标志使用合同。最后，认证后每年进行一次绿色食品认证，到企业监督抽查。

　　除了绿色食品以外，生活中较常见的词汇还有有机食品、无公害农产品，这三者都是在生态保护、可持续发展原则指导下生产的安全、健康、优质的食品，在含义上有所区分，也分别代表不同类型的健康农产品。有机食品是指"用纯净的有机生产方式生产、经过论证并贴上有机标志的食品"。有机食品在生产和加工过程中绝对禁止农药、化肥、激素等人工化学制品的使用。在环保标准上，有机食品对应我国绿色食品中的 AA 等级，相对于普通绿色食品而言，质量等级略高。无公害农产品是指在无污染的区域或者消除污染的区域内，充分利用自然的资源，尽量限制外源的污染物进入农业生产领域，确保生产出安全、无污染、高质量的产品，另外，要求在食物加工的过程中不对环境造成危害。无公害农产品更强调生产与加工环节不会对自然环节产生危害，提倡可持续发展的生产模式。

【百姓茶话】

如何辨别绿色食品？

产品包装上有无"身份证"

　　通过绿色食品认证的产品，会得到一张"身份证"——绿色食品标志，标在其显眼位置，农业部有专门机构对其进行前期的审核和后期的追踪。

读懂"身份证"信息

　　这张"身份证"由两个部分组成，一部分是绿色食品标志，它有四种形式，包括图形、中文"绿色食品"、英文"Greenfood"以及中英文与图形组合等。图形由三部分组成，上方是广阔田野上初升的太阳，中心是蓓蕾，下方是植物伸展的叶片。另一部分是以 LB 开头的绿色食品的编号，我们可以将其看作"身份证号码",每一个绿色食品的编号是唯一的。

查询"身份证"信息

消费者可登录中国绿色食品网进行查询,验证真伪。绿色食品标志后有 12 位的信息码,这是绿色食品标志企业的信息码,前 6 位代表"地区代码",中间 2 位代表"获证年份",后 4 位代表"当年获证企业序号"。消费者在购买时,尤其看准中间 2 位的"获证年份",若超出 3 年,说明该产品认证已过期。

识别假冒"绿色食品"

市场上仿冒的绿色食品一般在包装上只有"绿色食品"的字样而无绿色标志,或仿冒绿色标志而无绿色食品号码。只有包装上绿色标志和绿色食品编号两者齐全的食品才称得上真正的绿色食品,否则便是假冒的。

三、绿色建筑

由于住宅产生的二氧化碳排放量占整体排放量的 15% 左右,所以住宅的节能化成为绿色消费的一大课题。据世界卫生组织统计,30% 的建筑物中存在有害健康的室内空气,由此引发了 35.7% 的呼吸道疾病,22% 的慢性肺病和 18% 的气管炎、支气管炎和肺癌。[①] 世界卫生组织将室内空气污染与高血压、胆固醇过高等共同列为人类健康的十大威胁。随着人民生活水平的提高以及工作环境质量的提升,人们对建筑有了全新的理解,认为既要满足居住者的个性需求,还要满足绿色健康这一要求,从而确保居住者能够安全健康地生活。

绿色建筑是指在建筑的全寿命周期内,最大限度地节约资源

---

① 高峰. 看不见的杀手:办公室污染 [J]. 上海房地,2011(1).

（节能、节地、节水、节材）、保护环境和减少污染，为人们提供健康、适用和高效的空间、与自然和谐共生的建筑。简而言之，所谓绿色建筑是指生态、节能、减排、健康、环保的建筑。绿色建筑是人与自然可持续发展共生的建筑，绿色建筑具有省能源、省资源、低污染的特点，建立舒适、健康、环保的居住环境，已经成为建筑中的重要一环，最基本的条件之一。绿色建筑从建材生产到建筑物规划、设计、施工、使用、管理及拆除的一系列过程中，消耗最少的资源，使用最少能源及制造最少废弃物，是未来建筑的趋势。绿色建筑的意义在于强调人与自然环境的共存，而不是一味地开发，如果一味开发不注重和自然的和谐共生，其结果会造成地球温室效应的气候变化、环境的破坏。

（一）绿色建筑的特点

第一，绿色建筑能够将能源消耗降至最低。绿色建筑通过充分利用天然能源以及节能技术，提高窗户、墙壁、地板的绝热性，减少空调消耗的电量。和传统建筑相比，绿色建筑耗能度可以降低70%。

第二，绿色建筑能够实现在全寿命周期内尽量做到对环境无污染或少污染。绿色建筑从建筑材料的开采、运输及生产过程，项目选址、设计及施工过程，到建筑拆迁后的资源回收再利用及垃圾的自然降解等各个环节，都要利用先进技术，减少能耗。

第三，绿色建筑的结构更合理。绿色建筑能够设计良好的采光系统和通风系统，对气候变化自动调节，创造宜人的生活环境，实现人与自然的和谐共处、永续发展。

第四，绿色建筑能够节约成本。绿色建筑利用先进技术，降低造价，节约费用。

（二）绿色建筑的要求

1. 绿色建筑的设计。绿色建筑发展以舒适安逸、自然和谐、健康环保为三大设计理念，包含建筑学、生态学以及科学技术等综合性专业知识。绿色建筑的设计在以人为本的基础上，更加合理化地运用自然，考虑生态节能、环保、健康等问题，为人们营造一个融于自然的健康舒适空间，以满足现代都市人群对大自然的向往。在绿色建筑工程中，结构设计的优化显得尤为重要。建筑结构的优化主要是在建筑的绿色设计中对建筑结构性能的提高等，最终达到建筑结构的整体优化。

2. 绿色建筑技术。绿色建筑技术是有效地促进建筑节能减排的一种技术手段，能够有效促进整个建筑的合理配置，在保护环境的同时能够为人们创造舒适的环境。从墙体节能、门窗节能系统到人工湿地系统、雨水收集利用系统等，绿色技术集成得越多，其绿色建筑的水平就越高。此外，还要考虑到绿色建筑的基本建设要求，结合建设环境的实际需要，明确建设环境的地域气候特征，掌握本地区的实际自然条件与气候特征，少使用土地资源、水资源还有生物资源，在提升资源实际利用效率的同时，合理使用弃用的土地、地皮及植被等，可以适当回收相应拆迁的砖石等，以循环经济效益带动绿色建筑的发展。

3. 合理利用新能源。合理的运用可再生资源是绿色建筑的必要条件之一。通过对可再生资源和新能源的使用，能够从一定程度上减少对传统能源的使用，以此达到节能减排的目的。太阳能、风能等都是天然并且无污染可再生的能源，以及地源热泵供热制冷、光伏光热都可以用在发电过程中，为建筑工程提供动力。太阳能在建筑设计中主要被运用在采暖和采光上，采暖主要是通过丰富的太阳能资源聚集热量，以此来减小能耗，从而实现节能减排；采光则是通过太阳能资源的合理利用，减少对照明系统的使用。风能的利用主要体现在风能发电和自然通风这两方面，借助风能发电这一新能源的利用方式已经趋于成熟，已经在很多地方得以实现，而对于实现自然通风这一手段而言，则是相对减少机械通风的利用，能够使人们在日常的生活中避免不必要的能源消耗和浪费。还有一些新兴能源也已经得到利用，例如，地热能、生物质能等。今后，新型能源在绿色建筑设计中的运用会越来越普遍和广泛。

4. 使用绿色装饰材料。随着人民生活品质的不断提高，人们对室内环境的健康性和环保性要求越来越高。市面上琳琅满目、良莠不齐的室内装饰材料，在华美的外表下隐藏着无形的危机，已成为室内污染的主要来源。为此国家有关部门发布了《室内装饰装修材料中有害物质限量》的国家标准。使用低碳、无污染、可循环利用的装饰材料，才能从源头上减少室内环境中的有害物质。选材上应使用经久耐用、质量过关、健康环保的本土材料，以减少运输环节带来的碳排放而增加温室效应，以及运输的成本费用；施工过程中做到"三分产品七分安装"，优质的安装可以减少不必要的浪费和污染；二次装修的拆卸过程中，尽量做到材料的回收利用，这种材料的有害物质相对新材料含量较少，既可降低成本费用又可减少污染。

5. 科学利用绿色植物。建筑物室内和室外的绿化在室内温度、湿度、氧气的更新循环方面发挥着重要的物理调节作用，具有维护成本低、节约能源、可持续发展的生态价值。在建筑设计中使用绿色植物来达到绿色设计的目的无疑是一举两得的措施，不但能够美化环境，实现建筑的绿色环保要求，还能节约建筑成本；而且从长远看来，绿色植物的融入更是为生态环境建设做出了贡献。在建筑中运用绿色植物主要从建筑室内和建筑室外两个方面进行考虑。建筑室内的设计中用绿色植物进行装饰，不但能够绿化环境，还能提升建筑室内的整体美观；建筑室外也可以利用绿色植物装点，比如爬山虎一类的爬墙植物等，既能够优化环境，还能够实现绿色设计理念。合理的绿化设计可以向室内提供更多的阳光、空气、绿化，有效隔离和净化室内外有害物质，改善室内环境的空气质量，降低建筑能耗。建筑墙体、屋顶、阳台等立体绿化不仅具有降温作用，净化城市污浊空气，减少由室外通过空气流动向室内传递的粉尘等各种有害物质，并且能够调节建筑周围的小气候，成为城市绿化中的一部分，增加城市景观。

6. 选择绿色家居产品。当今绿色家居已逐渐成为一种家居理念，它表示的是家居产品更加健康、更加环保。绿色家居不仅能让我们的生活更加环保健康，还能给我们的生活添加活力。绿色家居给居住空间带来了生命力，使城市居民也能感受到大自然的怀抱，满足了人们亲近自然的心理需要。绿色家居主要分为两部分：使用环保材料的家具及居住空间内部装饰；通过设计装饰使居住空间环境回归自然。家庭用品的寿命一般应为 5~10 年，

绿色家具通常使用来自可持续森林的材料，具有低毒性水平，方便本地制造及耐用的产品。它应该易于维修、拆卸和回收。这些产品可以很容易地分开，分类为其组成部分，并在其使用寿命结束时回收。绿色家具应重视材料，以强调健康的环境，从而满足很多人的要求。

厨房家居用品种类繁多，在全社会都日益重视环保的大背景下，对厨房收纳用品进行绿色设计也成为必然。厨房家居用品是指厨房中的一切日常用品，主要包括碗、碟、勺、叉、筷等餐具，锅、锅铲、汤勺等炊具，菜刀、砧板等辅助工具，调料瓶、调料盒、饭盒、米桶等食材收纳装置，刀具、餐具等收纳装置，调料架或调料箱、餐具沥水架、微波炉收纳架、垃圾袋收纳容器等。厨房家居用品的使用寿命一般较短，介于快速消费品和耐用品之

间，一些厨房家居用品如保鲜膜盒、各类塑料袋就是快消品，其对巨量生活垃圾的产生也做出了重要"贡献"。由于厨房家居产品数量庞大，使用寿命较短，其巨量垃圾已经对环境构成了巨大压力。在厨房家居产品设计中充分贯彻绿色设计思维，综合考虑材质自身环保性能、回收及再加工能耗、运输能耗等各方面因素，通过减小产品体积和优化产品结构等方法减少材料用量，将某些关联性较强的功能进行组合，达到节约材料，减少废弃物的效果，使物质功能和环保功能完美结合，实现既节约材料又节约能源的双重环保效果。

随着生活水平的提高，建筑环境、环保家居和居室空间的绿色可持续发展的重要性越来越引起公众的重视。人们认识到与自然和谐共生的必要性，反思生态环保问题，在满足良好居住空间环境的基础上，提倡以舒适安逸、自然和谐、健康环保为重，以绿色可持续发展的居住建筑设计成为人们追求的生活理念。政府应出台相关政策、设立准则及规范并积极宣传和推广，使一般大众了解绿色建筑含义，能够识别选购绿色建筑，并鼓励开发商、建筑师及相关从业者投入绿色建筑的设计和建设中去，推进环保、自然可持续发展共生的绿色建筑理念。绿色建筑是地球资源可持续发展的重要一环，只有以"生态、节能、减排、健康、环保"的态度和方法实践绿色建筑，才能为子孙后代留下一片净土。

【小贴士】

美国 LEED 绿色建筑认证

什么是美国 LEED 绿色建筑认证？

美国 LEED 体系是一个国际性绿色建筑认证系统。1998 年，美国非政府、非营利组织绿色建筑委员会（U. S Green Building Council，简称"USGBC"）建立了 LEED 认证组织，开始了绿色建筑认证工作。LEED（Leadership in Energy and Environmental Design）是一个评价绿色建筑的工具，主要为建筑及社区提供第三方的认证。LEED 认证评估体系基本由以下六方面构成：可持续发展建筑场地、节水、能源利用与环境保护、材料与资源、室内环境质量、创新与设计过程。该体系的目的是规范一个完整、准确的绿色建筑概念，以防止建筑的滥绿色化。该体系在能源利用与再生利用、节约水资源、设计装修等诸多环节，对建筑制定了更高的标准和技术，其卓越的能效设计及节能环保技术的运用不仅能够大大改善环境质量，宣传绿色建筑各种潜在好处，更重要的是告诉消费者，购买绿色建筑能为企业和客户创造可观的商业效益，获得相对于其他产品更高的投资回报。消费者的购买决策使得绿色建筑的实际价值得以提升，进而与其他产品区别开来，构成了一个良性循环，进而推动市场转型。

如何获得 LEED 认证？

首先，获得 LEED 认证的建筑，必须在建筑环境上符合可持续发展的要求，必须在选址规划上具备出行与物流便利的地段优势，以及四通八达的交通系统等显著地缘优势。其次，LEED 绿色建筑认证，必须在节能、环保上达到认证标准。即在建筑的全寿命周期内，最大限度地节约资源（节能、节地、节水、节材）、保护环境和减少污染，为人们提供健康、适用和高效的使用空间，与自然和谐共生的建筑。再次，通过 LEED 绿色认证建筑，在节能方面，皆采用国际领先的智能玻璃幕墙（如 LOW - E），节能高达40%～60%，以及隔热断桥型材与外遮阳系统等，以保证增强隔热保温性能，减少能量损耗，从而大幅降低营运成本，实现出色的高效节能效果。最后，LEED 绿色认证标准，在室内环境质量上，更对中央空调系统、新风系统，提出了更高的指标要求，以保证室内的环境具有良好的空气素质。

我国绿色建筑发展趋势?

我国在 2014 年 4 月颁布了《绿色建筑评价标准》(GB/T 50378—2014),这是我国批准发布的第一个国际性的绿色建筑认证系统。中国目前总数达 430 亿平方米的既有建筑中,95%以上为高能耗建筑。并且在每年新增的 20 多亿平方米建筑中,仍有 80%以上的建筑是非节能环保建筑。因此极大地制约了绿色建筑在中国的普及与发展。LEED 认证进入中国具有开创和先导意义,必然会大力普及环保节能建筑的发展。到 2016 年底,中国有 3144 个项目参与了LEED 评级,是美国之外 LEED 认证面积最大的国家。这充分体现了中国对于可持续发展的重视,也证明了 LEED 的权威性得到国内客户的充分认可。中国获得绿色建筑二星、三星标识的项目数量不断增加,政府部门对于绿色建筑的补贴也从设计过渡到运行,越来越多的企业加入到践行绿色可持续发展的行动中来。

资料来源:潘海泽等. 美国 LEED 绿色建筑评价标准与我国绿色建筑评价标准的比较分析 [J]. 建筑经济, 2016 (01);绿色科技住宅是怎样炼成的 [EB/OL]. http://news.ifeng.com/a/20140807/41472160_0.shtml. 2014 - 08 - 07; LEED 认证离中国数据中心有多远 [EB/OL]. LinkedIn. http://www.linkedin.com/pulse/leed. 2017 - 03 - 03.

四、绿色家电

(一) 家电产品对环境的影响

家电制造业指使用交流电源或电池的各类家用电器制造,包括制冷电器具制造、空气调节器制造、通风电器具制造、厨房电器具制造、清洁卫生电器具制造、美容/保健电器具制造、家电专用配件制造等。随着绿色产品的引进和发展,消费者的环境知识和绿色消费态度逐渐提升,由原来仅仅关注产品的价格属性和功能属性发展到对质量属性和环保属性的考量，追逐舒适、安逸的购物潮流日益成为当今消费者的主线。在倡导节能环保的今天，很多家庭在选购电器的时候，绿色家电成为消费者的首选。节能冰箱、环保彩电、纯电动汽车逐渐成为现代消费者的最佳选择，绿色生活已经成为不可避免的主流趋势。

1. 资源与能源的消耗与浪费。家电是居民生活中非常重要的耐用消费品，现代家庭里的家用电器算得上是高耗能产品。我国家庭每年消耗的电力大约是全国电力使用量的10%，其中绝大多数都是由家用电器消耗的。在美国，家用电器（带加热和冷却功能的电器、冰箱、电子产品、吹风机）占居民生活用电的60% ~ 90%。[1] 家用电器的待机功耗也不可小视，据美国能源部估计，美国每年要为关机的电视机和录像机支付约10亿美元的电费。[2]

2. 生产环节造成的环境污染。家电产品在制造过程中，会产生各种形态的排放物以及电磁辐射等污染。生产家用电器的原材料大多需要大量使用包括铜、铁等金属，塑料、橡胶等非金属以及各种表面处理的工艺和材料。这些材料本身可能含有镉、铅、汞、铬等多种有害物质。此外，生产采用的主要工艺中往往会添加或使用一些对人体有害的有机化合物。这些有毒有害物质如果处理不当将会排放到空气、水、土壤等环境中，不仅直接威胁到生产工人的人身健康，而且会造成严重的环境污染和生态平衡的破坏。此外，在家电产品生产过程中产生的某些有害物质可能会残存在产品和半成品当中，并随着生产环节的积累和传递，最终会在消费环节危害环境，损害消费者的健康。

① 赵汝江. 国际绿色建筑发展趋势与国内情况 [J]. 山西建筑, 2015 (8): 235 – 237.

② 孙涛，钱学军. 绿色制造可持续发展之路 [J]. 中国科技信息, 2008 (10): 20 – 23.

3. 使用过程中可能带来健康损害。人们在享受家用电器带来的舒适生活的同时也面临着环境污染和危害健康等风险。首先，我们身边的电视机、电脑、手机、微波炉、吸尘器等许多家用电器存在电磁辐射，无时无刻不在损害着人体的健康。过量的电磁辐射会对人体生殖系统、神经系统和免疫系统造成直接伤害，是心血管疾病、糖尿病、癌突变的主要诱因和造成孕妇流产、不育、畸胎等病变的诱发因素。其次，日常生活中冰箱、空调、洗衣机等家用电器，尤其是塑料制品部件，非常容易滋生细菌和真菌等微生物，成为疾病传染的重要途径，严重污染了生活环境，损害了人体健康。

4. 电子废弃物带来的环境污染和资源浪费。随着经济水平的提高，家电产品需求量大增，也带动家电的快速淘汰。然而，由于回收体系不健全，数量庞大的废旧家电未经处理或被直接弃置或翻新后被用于再销售。大部分电子废弃物在经过简单的拆解，环卫部门除回收少量有价值的金属和塑料外壳之外，一般采用填埋或焚烧等最终处理方式。家电产品大多是由金属、塑料和化工等多种材料组成的综合性工业产品，不同于其他固体废弃物，废旧家电产品含有大量有毒、有害物质，包括镉、汞、铅、氟利昂等，以及其他重金属和卤素化学物质，属于有毒、易爆和易泄漏危险废物范畴。废旧家电被弃置后不经处理，而同城市垃圾混为一体直接填埋或焚烧，会对大气、土壤和水体造成严重的污染。同时，废旧家电垃圾中还有各种对人体有害的重金属，它们一旦进入环境，将长期滞留，并随时可能通过各种渠道进入人体，对人体健康带来极大威胁，甚至对生命安全造成严重危害。此外，废旧家电中也含有贵金属、塑料等再生资源，如果被直接丢弃，对资源也造成极大的浪费。

（二）绿色家电的要求

说到绿色家电，消费者往往会更关注产品的能耗情况。到底何为绿色家电？目前，绿色家电只是作为一个概念存在，并没有统一的检测和评定标准。绿色家电产品，即家电产品与绿色产品的交集，是具有绿色产品属性的家电产品。通常意义上的绿色家电是指在质量合格的前提下，高效节能且在使用过程中不对人体和周围环境造成伤害，在报废后还可以回收利用的家电产品。目前，欧盟针对家电产品专门出台了环保法规，禁止家电使用含有铅、镉、汞等有害物质，以减少废弃家电对环境的污染。获得"绿色"认证的国产家电，以资源节约型、低噪音型、减少废物型、低毒安全型为主。家电是耗能产品，在使用过程中要消耗能源，这样就会造成对环境的污染。要想成为绿色产品，节能必不可少，而且家电在淘汰后，其产品本身也会对环境产生污染，因此，产品使用材料的环保程度也是衡量绿色与否的重要因素。

近年来，环境问题日益严峻，顺应大环境的发展趋势，也为实现自身的经济利益，家电制造业必须重视绿色设计、清洁生产、节能减排和回收再利用等方面的工作，致力发展绿色家电。绿色家电产品涵盖产品整个生命周期，即从绿色设计、原料采购、进入生产阶段、经过生产工艺流程、物流运输和销售，到使用阶段，最后到报废、回收阶段。另外，涵盖了在报废阶段的拆解和回收，进而将可用零部件通过修理检验，用于同系产品和新产品的再生产中；并在零部件进行回收利用之前，收集产品信息和改善产品设计，不断更新换代产品，进而达到更加环保绿色的目的。

1. 低能耗。一般情况下，绿色家电的选择以节约资源为前提，运行时有无噪音以及是否无毒等也是决定所购家电是不是绿色家电的重要因素。能效标识是衡量家电产品绿色属性的重要依据。

自 2005 年我国正式实施能效标识制度以来，已经成为一项国家强制性标准，很多标榜绿色但实际高耗能的家电已经被淘汰。现在市场上的空调、冰箱、洗衣机、彩电、微波炉、电热水器、电磁灶、电风扇、电饭煲、饮水机、电脑显示器等一批大小家电品类已经被纳入了张贴能效标识的行列，可以成为消费者的购买依据。

2. 节能。我国节能产品认证机构还针对家电产品专门颁布了"节"字认证标志，这也是我国节能产品认证机构颁发的唯一的节能认证标志。因此，消费者在购买家电时可以根据家电产品上是否贴有节能标志决定是否购买。节能认证标志与能效标识是两个不同的概念，能够获得节能认证标志的产品表明产品已经通过了中国节能认证，往往能效水平较高，不仅符合能效标准的要求，而且通过了中国质量认证中心对产品生产环节的要求。家电技术的不断更新以及互联网技术的应用，使现在的家电在走向智能的同时也更加追求产品的节能，有的家电甚至已经实现了一键节能。

3. 应用绿色材料。在产品设计的源头选择绿色材料是解决环境和资源问题的根本出发点和最有效的方法。绿色家电要选择性能优良的绿色材料，使该产品从原材料获取、生产、加工、使用、再生和废弃等生命周期全程中都符合环境保护的要求，对生态环境无害或危害极少，具有保护、净化环境功能，并利于资源的再生和回收。目前在家电产品领域应用的绿色环保材料主要包括：具有安全无毒害、可循环利用的"免喷涂材料"；具有净化环境功能、增强人体健康的"抗菌材料"以及易于回收处理，具有可再生特点的"生物基材料"三类材料。

免喷涂材料不仅具有外观效果好、综合成本低、制品稳定性好等优点，而且绿色环保，制件 100% 可回收利用，生产、加工以及回收过程中不产生对环境和人体有毒有害的气体、粉尘等污染物质。抗菌材料具有净化生存环境，促进身心健康等功能，能够对沾污在塑料上的细菌、霉菌、酵母菌、藻类甚至病毒等起到抑制或杀灭作用，保持自身清洁。生物基材料是以可再生资源（如农作物、废弃物、树木、其他植物及其残体和内含物等）为原料，通过生物合成、生物加工、生物炼制过程获得的生物质合成材料、生物质再生材料和基础化工原料。这类材料具备绿色、环境友好、原料可再生以及可生物降解的特性。因此，各家电厂商在进行家电产品设计时应开发与应用这类无污染、无毒害的兼容材料或再生材料，这是发展绿色、低碳、可持续发展的产业技术体系，破解资源、环境"瓶颈"问题的重要方向之一。

4. 面向拆卸和回收的产品设计。面向拆卸的产品设计也是实现绿色家电的重要手段，通过合理的设计提高产品的拆卸性能，可以促进资源的最大化利用以及可持续发展。因为废旧家电拆解越细致，分类越清晰，产生的价值就越大，越容易实现回收利用。面向拆卸的设计强调在产品的设计阶段，以绿色设计理念为指导，在面向拆卸的设计需求下，提高家电类产品的拆卸性能，进而提高家电产品的回收率。这就要求在产品设计时统筹兼顾家电产品结构的易拆卸性和造型的美观性，减少产品零部件的数量，或者减少拆卸的零部件的数量以提高拆卸效率。总结来说，家电产品可拆卸就是对产品的功能部件进行合理布局，使家电产品的部件以及部件之间的连接需要具有易拆性，减少家电在回收过程中造成的浪费。家电产品回收利用使生产企业树立起循环利用的意识，提高家电产品的回收性，采取有效措施实现零部件的回收再利用，对特定家用电器废弃物再商品化等，最大化地发挥家电废旧物的剩余价值，减少企业对原生资源的占用，减少对环境的污染，达到经济利益与环境利益的最大化。

（三）我国的绿色家电市场

随着经济条件的改善和环保意识的加强，消费者已经越来越重视产品的环保性能，这就对家电用品的环保性设计提出了更高的要求，对其进行绿色设计也就成为必然。通过绿色家电的设计和使用，不仅能保护人类共同的环境，而且也保护消费者或使用者的利益，同时还能调动商家的积极性，实现经济效益和社会效益的双丰收。

2016 年，国家发展改革委、中共中央宣传部、科技部等出台的《关于促进绿色消费的指导意见》宣称，争取到 2020 年，在效用方面，标识程度高的低耗量家电市场占有率大幅提高，远超越 50%。加快推广新能源汽车及能源再生产品，实施绿色建材生产和应用行动计划，推广节能建筑、节能电灯、节能家具的使用。这就需要政府、生产企业等多个层面对超高能效的产品和最新的节能技术给予更多关注和推动。

首先，国家为企业设定绿色产品的"门槛"及目标，并通过多种手段推动产品绿色设计水平的提升。在 2013 年 6 月 1 日之前，国家推出了真金白银的节能补贴政策，鼓励消费者购买价格可能略高的节能产品。这些补贴政策取得了很好的市场反响，节能产品的销量显著上升，其中能效等级 1 级、2 级的节能产品超过总销售量的 50%。但自从国家补贴结束后，节能家电产品的市场占有率出现了下滑，看起来便宜的非节能产品也出现"回潮"趋势。因此，国家层面的政策支持和长效激励机制对于绿色家电的推广有重要意义。

其次，家电企业要加强产品在生产过程中的节能减排，将产品的能效水平进一步提升，打造出真正的绿色产品。家电企业还要注意产品的回收利用，即使在制造过程中实现了绿色，若被不合理使用、随便丢弃，同样也失去了其本身的价值。就目前家电产品的结构来看，塑料部件占产品总质量的 20% ~ 40%、金属部件占 30% ~ 50%、其他占 20% 左右，这些材料被有效地回收利用，才能完成绿色家电的全过程。此外，购买绿色产品的消费者往往是高知识水平的理性消费者，消费者从产品中感知到的绿色价值很大程度上会影响消费者的认同感和满意度，因此企业在营销渠道的选择时，不应仅仅采取销售折扣、捆绑销售、兑换奖励积分等方式，更为重要的是承担企业自身的社会责任，将社会责任扩展到各个利益相关群体，增加医疗、卫生事业的社会福利投资、建立战略同盟和无边界组织，将品牌效应和企业形象延展到全球以获取消费者的信任，激发其对绿色消费的渴望。

最后，建立合理、完整的废旧家电回收体系刻不容缓。随着我国经济实力不断提升，废旧家电高峰期已经到来，每年有数以百万计的废旧家电被淘汰。大量报废的家电产品流入非正规拆解企业，这样的结果不仅达不到治理的目的，还有可能造成更严重的环境污染和市场的二次污染，带来了对能源浪费和环境污染的巨大隐患。为促进我国家电行业的良性发展，应尽快出台废旧家电回收管理办法，构建废旧家电回收再利用体系，使存在安全隐患的废旧家电经过拆解、破碎、分选等无害化处理，再经过家电再造产品生产线，即可实现回收再利用。废旧家电的回收利用，既关系到环保与安全，也关系到家电市场的产品质量，对于提高我国家电产业的国际竞争力，促进经济增长方式的转变以及对环境的保护，具有非常重要的意义。

随着消费者健康意识提高，环保意识增强，绿色消费逐渐被认可并受到青睐，未来绿色消费在住与行领域的发展将成为绿色消费的新趋势。消费者在绿色消费中扮演着举足轻重的角色，无论是政府的政策、媒体的宣传，还是企业的环保社会责任，最终都要直接或间接地转化为消费者的绿色消费行为。消费者的绿色消费行为对环境保护的直接和间接作用是巨大的。一方面，一部分环境问题是由私人家庭消费活动引起的，消费者自身的消费行为会对环境产生直接影响；另一方面，消费者对环保问题的关注、对绿色产品的需求、对企业环境保护行为的支持和对企业环境破坏行为的抵制会推动企业朝着环保的方向发展，从而通过企业的生产和经营行为促进绿色消费的发展。消费者持有积极的环境价值观，从保护环境的角度出发，购买对环境友好的日常生活资料，实施绿色消费行为，对于政府、企业和整个社会都是非常有益的。

【百姓茶话】

小习惯省出大能源

消费者在充分享受绿色发展带来的便利和舒适的同时，也要履行好应尽的绿色发展责任，贯彻绿色消费理念，打造绿色生活。越来越多的消费者选择外出随身携带筷子、水杯、便当盒，出门旅行自己携带洗漱用品，平常生活中尽量选择玻璃容器，利用公交、自行车、步行取代开车出行等绿色生活方式，在现实中自觉实践绿色消费，减少一次性用品的使用和不环保的行为。除此之外，我们还能践行哪些绿色消费行为呢？

1. 待机也耗电：不常用的电器应该及时拔掉电源，以免不必要的电能损耗。在未使用的状态下，拔掉电源是最节能的方式，即使一个通电的插线板一年也会浪费掉100多度电。

2. 及时更新超龄家电：大家电使用时间越长，功耗负担越大，也就更加不环保。一般的家电使用年限是10年左右，热水器的使用年限国家规定的是6年。超过规定使用年限后，容易发生各种故障甚至出现安全事故。

3. 定期清洗空调：每年至少清洗空调两次，不仅能冲洗掉滤网上的灰尘和病菌，而且干净的滤网会为空调节省30%左右的能耗。

4. 用藤蔓植物绿化墙体、屋顶：植物的遮蔽具有降温作用，可以使建筑物表面温度降低5~14℃，室内温度降低2~4℃。

问题四　如何在社会生活中
体验绿色消费

　　人是社会之人，任何人都不能脱离社会而过着"人"的生活。人的社会生活可分为三大领域：公共生活、职业生活和家庭生活。绿色消费不仅有益于人类健康和家庭生活，也是促进社会环境健康发展的必然选择。随着经济的不断发展，汽车保有量不断增加，能源消耗也随之增长，高级写字楼和办公楼逐渐增多，随之而来的行车难、停车难、空气污染和噪声污染日益严重，并逐步从大城市蔓延至中小城市，开始影响人们的正常生活。随着环境问题的不断涌现，环境观念已经成为与人类生活息息相关的一种理念，建设环境友好型社会的理念应运而生。在中国共产党第十六届五中全会上，中央正式将"建设资源节约型和环境友好型社会"确定为国民经济与社会发展中长期规划的一项战略任务。现阶段"环境友好"型社会首先应该是社会经济活动对环境的负荷和影响要达到现有技术经济条件下的最小化。《中国制造2025》中明确提出"打造绿色供应链，加快建立以资源节约、环境友好为导向的采购、生产、营销、回收及物流体系，落实生产者责任延伸制度"。2017年5月，我国发布《绿色制造　制造企业绿色供应链管理导则》，"将绿色制造、产品生命周期管理和生产者责任延伸理念融入企业供应链管理体系"。政策利好对绿色消费的发展具有强大的推进作用，企业要紧随政策方向，重视绿色环保与创新，及时调整发展策略，与各个环节密切配合，实现可持续发展。

一、绿色交通

（一）绿色交通的发展历程

城市交通是城市经济、社会发展的重要命脉，其发展状况、发展程度会直接影响到城市的空间布局，进而影响到城市经济、社会的发展。绿色交通理念主要是通过减少交通拥堵来提高居民生活环境与出行效率，通过降低能源消耗节约资源，通过减少尾气排放提升环境质量。1992 年，联合国环境与发展大会提出了"用最小消耗满足最大的需求"这一观点。1994 年加拿大学者克里斯·布拉德肖（Chris Bradshaw）在可持续发展理论的基础上首次提出绿色交通等级层次的概念，并提出了绿色交通出行方式的等级，首次将交通理念与居民生活质量相联系。经济合作与发展组织（OECD）认为绿色交通是由社会认可的方式满足人与货物流动的需要，满足安全、经济条件，达到卫生及环境目标的交通方式。世界可持续工商理事会（WBCSD）认为绿色交通是满足人与社会的出行需求，以公平有效的方式运行，充分地利用可再生资源，减少碳排放，降低土地占用率，有益于人与生态环境发展的交通系统。

绿色交通是以节能环保、安全通畅的交通设施为基础，以公共交通、慢行系统（自行车、步行）、适量新能源与环保型汽车为工具；以高效能智能的交通管理为依托，与城市规划及空间拓展相协调的可持续城市综合交通系统。绿色交通的核心内容是优先发展大容量公共交通，注重公共交通系统之间的换乘衔接，营造良好的慢行交通系统，限制私家车的使用并形成紧密型城市形态。

其基本保障是中央及地方政府给予的大量财政投入、精心的设计与规划及有效的政府监管。绿色交通作为一种全新的交通发展理念，是城市可持续发展理念在交通运输领域中的生动应用，它将是交通行业在城市不断扩张、经济快速发展趋势下的必然选择。绿色交通具有低能耗、低污染、高效率的特点，能够通过最小的资源代价和环境代价最大程度地满足城市居民的出行需求，并且带动相关绿色产业的发展，实现交通、经济、社会三者之间的可持续发展。

在中国，居民出行的主要交通工具有四种：公共交通（如地铁、公交）、出租车、私家车、自行车或电动车。其中，居民选择公共交通最有利于缓解交通压力，但也存在着高峰时段拥挤、线路覆盖有限等难以克服的问题。而出租车行业则一直都面临监管过度、服务质量低下、油价高企、空驶率高等问题。私家车，从中国的乘用车销量数据来看，中国的乘用车销量正在快速增长。截至2017年末，中国民用汽车保有量21743万辆（包括三轮汽车和低速货车820万辆），比上年末增长11.8%，其中私人轿车保有量达到11416万辆，增长12.5%。① 而中国的公路里程数自2009年开始维持5%以下的增长速度，这说明随着家庭轿车持有量的增加，汽车的闲置时间也快速增加。自行车和电动车虽然是近几年来政府所倡导的绿色出行方式，但对于资金充足、追求高品质生活的人群而言并不会首选这一方式。

数据显示，不同出行方式的能源消耗存在着差异。对日常出行交通方式的绿色性（即出行方式对环境污染程度）进行排序，其顺序依次为：步行、自行车、公共交通工具、共乘车和单人驾

---

① 中华人民共和国2017年国民经济和社会发展统计公报［EB/OL］. http：//www. stats. gov. cn/tjsj/zxfb/201802/t20180228_ 1585631. html.

驶自用车，绿色性逐渐降低，对环境的影响程度逐渐增大。私家车和出租车的人均能耗量和尾气污染物排放量最高，公共汽车次之，步行、自行车及地铁、轻轨等轨道交通的人均能耗量和尾气污染物排放量最低。小汽车的每百公里能耗最高，而公共汽车每百公里的人均能耗是小汽车的 8.4%，地铁大约是小汽车的 5%，电车则大约是小汽车的 3.4%。[1]

随着居民生活水平的提高和全球气候环境的恶化，越来越多的人意识到环境保护的重要性，很多城市陆续提出了"生态宜居城市""田园城市""低碳环保城市""绿色城市"等规划理念，"绿色出行""公交都市"等交通理念，基本可判定，"低碳绿色出行"将是未来城市的主要发展方向。城市是我国经济社会发展的重要支撑，而绿色交通有助于改善城市交通环境，提升城市居民生活质量。因此，推进城市绿色交通发展，提升其经济发展水平和竞争力，有助于促进全社会发展。

绿色交通正是为了提高城市交通运输效率、促进社会公平安定、节省建设维护费用、减少交通拥挤、降低环境污染而提出的一种新型城市交通系统。中小城市正处于向大城市过渡的时期，交通发展不完善，可改善空间大，同时由于人口基数小、用地规模小、资源短缺等原因，其不可能无限制地新建道路设施和停车设施，其交通发展应选择经济有效的交通模式。

建设绿色交通，有利于积极引导主体功能区战略实施，减少对生态环境的破坏，集约节约利用土地、岸线等资源。从运输服务来看，运输业是资源消耗和污染排放大户，目前我国仅公路水路运输能耗就占全国石油及制品消耗总量的 30% 以上。建设绿色交通，有利于节能减排降碳以及空气和水污染防治，也有利于推

---

① 陈锁祥：优先发展公共交通是缓解拥堵的重要手段［EB/OL］．http：//news.163.com/12/0217/15/7QFPAG400014JB6.html.2012－02－17.

动绿色发展方式和生活方式、促进经济社会和行业转型升级。

【专家论道】

我国绿色交通的发展

发展绿色交通，不只是推进交通运输节能减排，更重要的是推动形成绿色发展方式和生活方式，实现交通运输绿色低碳循环发展。2003 年，建设部举办的绿色交通示范城市评选活动中我国首次正式提出了绿色交通这一概念，在《绿色交通示范城市考核标准》中提出了绿色交通是建设安全、高效、环境友好有利于生态环境保护的，公共交通出行为主导的城市交通系统，并通过科学的管理方法与措施创建交通系统与生态环境、社会发展协调的城市交通系统。2012 年，国务院发布了《国务院关于城市优先发展公共交通的指导意见》，将绿色出行纳入"十二五"规划，明确提出"鼓励居民选择绿色出行方式""倡导绿色出行"。2013 年在"循环经济发展战略及近期行动计划"和"大气污染防治行动计划"中也明确提出"倡导绿色出行""鼓励绿色出行"。2014 年在"能源发展战略行动计划"中再次明确提出"实行绿色交通行动计划"。2016 年 7 月，交通运输部发布的《城市公共交通"十三五"发展纲要》提出，特大城市的绿色交通（公共交通、自行车、步行）出行分担率应达到 75% 左右。

2016 年，受益于相关政策的不断落实和新能源产品技术性能的不断成熟，我国新能源汽车持续保持"井喷式"增长。中国电动汽车充电基础设施促进联盟提供的数据显示，2017 年全国新能源汽车保有量约 172.9 万辆，纯电动乘用车保有量约 80.1 万辆。根据中国汽车工业协会测算，到 2020 年，我国新能源汽车销量有望达到 200 万辆。我国高铁发展迅猛，已成为铁路客运的主力军，铁路机车的绿色化水平不断提升。汽车也经历了从柴油、汽油到天然气、电力这样一个能源不断绿色化的过程。共享单车更是风靡全国，开启了绿色出行新模式。这些都充分说明，绿色交通发展契合了人民群众对美好生活的新期待新向往，已经成为未来交通发展的必然趋势。

资料来源：2017 年新能源销售 77.7 万辆充电桩总数 21.3 万个 [EB/OL]. http：//www. xinhua. com/auto/2018－01/11/c_ 1122245182. htm.

（二）绿色交通方式

随着经济社会发展和生活水平提高，人民群众对良好生态环境的需求越来越迫切，绿色交通是行业转型发展的现实需要。发展绿色交通，不只是推进交通运输节能减排，更重要的是倡导绿色出行方式，推广绿色交通工具带动节能环保，推动绿色发展方式和生活方式，低碳循环发展。绿色交通工具是指在行驶中对环境不发生污染，或发生较轻污染的载客工具。一般来说，绿色交通工具包括两大类：一是本身设计上含有新能源、低能耗等元素，具备节能环保特征的交通工具，如自行车、天然气汽车、电动汽车、太阳能汽车等各种低污染车辆，以及无轨电车、有轨电车、轻轨等电气化交通工具；二是因平均能源消耗和环境影响较小而提高节能环保效率的公交、地铁、高铁、客船等载客量大的交通工具。

目前，我国城市交通主要为自行车、摩托车、公交车、小汽车等。中小城市甚至是部分大城市摩托车和电动自行车违规现象普遍存在，管理力度还有待于加强，安全隐患较多。城市小汽车数量的急剧增长大大增加了城市交通及环境的压力，一定程度上制约了城市交通的发展。城市公共交通出行比例不高，城市公共交通的车辆和线路增长远滞后于小汽车的增长，公交车动力表现出明显不足，公交事业的发展速度相对较为缓慢，效率还处于较低水平。2014 年，北京成为内地公共交通出行比例最高的城市，公共交通出行比例为 48%，这还是在机动车限行限号非常严厉、公共交通系统比较完善的情况下实现的。而公共交通设施条件相似的中国香港和日本东京，公共交通的出行比例则达到了 85% 以上。① 实现绿色出行对于我国城市而言势在必行。绿色交通是未来交通发展的必然趋势。

1. 步行。步行是人类最基本的活动方式，也是人类最原始、最简单的出行方式。在代步交通工具出现之前，人类一直通过步行实现自身的位移。随着现代经济的不断发展，人们对出行的时效性、便捷性、安全性要求也不断提高，城市机动车保有量随之攀升，步行出行方式逐渐被现代人忽略、抛弃。而今，随着城市交通拥堵越来越严重，空气质量每况愈下，人们又发现步行出行具有行走灵活、零污染、强身健体的种种优点，故将其归为绿色交通出行方式的重要组成部分。

2. 自行车。自行车交通是一种对道路条件要求不高、可达性较好、出行费用较低的绿色交通工具，具有体积小、成本低、环保等特点。自行车以其便捷性、灵活性、环保性受到人们的青睐，成为各国发展绿色交通的方式之一。在城市交通中，自行车作为一种短距离交通出行工具，具有较大的出行优势和时间优势。自行车交通在城市客运交通中的作用主要包括两个方面：其一是短距离出行的主要方式，三四公里是自行车交通最适宜的出行距离，其用时一般在半小时以内；其二就是公共交通系统的辅助工具，能够有效缓解交通拥堵与交通污染。随着科学技术和共享经济的发展，共享单车已经风靡全国，开启了绿色出行新模式，成为大街小巷一道靓丽的风景线。自行车出行方式的优点归纳如下：

---

① 刘君. 绿色低碳理念下现代城市交通规划措施分析 [J]. 生态经济，2017 (2): 54 – 57.

（1）自行车具有便捷性、灵活性。自行车是一种轻便、灵活的交通工具，可以直达目的地，尤其是在可折叠式自行车出现之后，更是便于携带和停靠。同时，与机动车相比，自行车占地面积小，对道路基础设施要求较低，停放方便。

（2）自行车具有低污染性。一是自行车运作原理简单，制造所耗费的原材料较少；二是自行车多以人力或者电力为动力，行驶过程中对环境的污染很少；三是自行车维修、保养方便且不消耗能源。

（3）骑自行车可强身健体。自行车在行驶过程中多以人力为动力，能够促进骑车人的心、脑、肺功能，提高人体免疫力，有益于身体健康，故其成为现代人一种强身健体的运动方式。

3. 公共交通。公共交通主要包括常规城市公交和城市轨道交通。城市轨道交通包括：地铁、轻轨、单轨、磁悬浮等，有快速、节能、运量大、少污染等优点，能够满足日益增长的各种交通需求，特别是中长距离出行，实现城市交通可持续。美国研究交通理事会委员会成员李·奇曾指出"公共交通是当前最能支持城市可持续发展的交通体系"。[①] 因为公共交通具有其他交通方式所没有的独特优势。首先，公共交通服务面广、承载量大，在运送能力、运输成本、道路利用率等方面均具有明显的优势。城市内部人群密集，客流量大，城市公交、地铁等公共交通工具容量大，能够运送更多的人流；其次，公共交通有固定的行驶路线且发班频次高，在运营良好、服务水平高的情况下具有安全、舒适、便捷、可靠等特点，能够很好地满足城市居民的日常出行需求；最后，城市公交多以天然气为能源，城市轨道交通（包括地铁、轻轨、磁悬浮列车等）多采用高效低排放的内燃机车和近乎零排放

---

① 王莹莹. 城市绿色交通发展对策研究［D］. 西安：长安大学，2015（6）.

的电力机车，二者均远比私家汽车要环保。

4. 新型能源汽车。随着科技不断进步，国家政策的引导以及公民绿色出行意识的觉醒，未来的绿色交通的必然趋势是发展清洁能源，用清洁燃料代替汽油、柴油等化石能源，逐步加大清洁能源车辆占比。目前，我国主要推广的新能源汽车有三类，分别是纯电动汽车、插电式混合动力汽车和燃料电池汽车，其基本上靠电驱动，污染物排放少，属于绿色交通方式。

纯电动汽车是一种采用单一蓄电池作为储能动力源的汽车，它利用蓄电池作为储能动力源，通过电池向电动机提供电能，驱动电动机运转，从而推动汽车行驶。

混合动力汽车是指驱动系统由两个或多个能同时运转的单个驱动系联合组成的车辆，车辆的行驶功率依据实际的车辆行驶状态由单个驱动系单独或多个驱动系共同提供。因各个组成部件、布置方式和控制策略的不同，混合动力汽车有多种形式。

燃料电池电动汽车是利用氢气和空气中的氧在催化剂的作用下，在燃料电池中经电化学反应产生的电能作为主要动力源驱动的汽车。燃料电池电动汽车实质上是纯电动汽车的一种，主要区别在于动力电池的工作原理不同。一般来说，燃料电池是通过电化学反应将化学能转化为电能，电化学反应所需的还原剂一般采用氢气，氧化剂则采用氧气，因此最早开发的燃料电池电动汽车多是直接采用氢燃料，氢气的储存可采用液化氢、压缩氢气或金属氢化物储氢等形式。

氢发动机汽车是以氢发动机为动力源的汽车。一般发动机使用的燃料是柴油或汽油，氢发动机使用的燃料是气体氢。氢发动机汽车是一种真正实现零排放的交通工具，排放出的是纯净水，其具有无污染、零排放、储量丰富等优势。

其他新能源汽车包括使用超级电容器、飞轮等高效储能器的汽车。目前，我国新能源汽车主要是指纯电动汽车、增程式电动汽车、插电式混合动力汽车和燃料电池电动汽车，常规混合动力汽车被划分为节能汽车。

新能源车的广泛应用，无疑是对人们的生活产生方方面面积极的影响。第一，汽车的碳排放大大减少，这大大缓解了一些以重工业为首的地区环境污染问题，使得汽车不再是污染的源头之一。第二，车辆使用费用的降低，由于新能源车摆脱了或者降低了对传统燃料的依赖，使得消费者在用车成本中燃料费用不再占主要位置。第三，我国某些地区对新能源汽车进行补贴或优惠政策，消费者可以用更低的价格和更便捷的方式购买使用新能源车，激发消费者的购买欲望，从而对环境做出改变的这样一个良性循环。第四，汽车行驶品质的提高，无论是纯电动车，还是混合动力车，由于有电机介入，整车都会非常的安静，而在起步、加速的过程中也会比传统汽车更加"有劲"。

【专家论道】

我国新能源汽车"扬帆出海"

近年来，新能源汽车市场扩张迅速。据工信部的数据显示，中国目前已经成为全球新能源汽车最大的生产和销售市场。2016年，我国新能源汽车产销突破 50 万辆，累计推广超过 100 万辆，占全球的 50%。2017 年，我国新能源汽车产销分别完成 79.4 万辆和 77.7 万辆，同比分别增长 53.8% 和 53.3%。其中纯电动汽车产销分别完成 47.8 万辆和 46.8 万辆，同比分别增长 81.7% 和 82.1%；插电式混合动力汽车产销分别完成 11.4 万辆和 11.1 万辆，同比分别增长 40.3% 和 39.4%。

我国新能源客车技术已达世界领先水平，相比于传统动力客车，更具全球竞争力。宇通客车、苏州金龙、厦门金旅、比亚迪等众多国内客车制造企业纷纷开辟了新能源客车海外市场。目前,我国新能源客车不仅在南美等发展中国家实现了销售运营,还走向了欧美等发达国家及地区,打破了传统汽车主力出口市场仍集中在不发达地区的现状。作为世界最大的电动汽车生产商,比亚迪的纯电动大巴已进入美国、加拿大、韩国、英国、荷兰、澳大利亚等众多发达国家。截至目前,比亚迪纯电动大巴已在全球售出超过1万辆,累计运营里程约2亿千米,在全球6大洲、50多个国家、170多个城市实现了示范或商业化运营,形成新能源超强的中国出口特征。

资料来源:新能源汽车市场掀扩张热潮中外车企厉兵秣马加速布局[EB/OL]. http://auto. china. com. cn/news/20171127/685224. shtml.

(三) 绿色交通的特点

1. 低能耗、低污染性。步行、自行车、公共交通、新型清洁能源汽车等绿色交通方式都是环保的出行方式。步行和自行车动力来自人力,因此,其几乎是零能耗、零污染;公共交通如城市公交多以天然气为能源,地铁、轻轨多采用高效低排放的内燃机车和近乎零排放的电力机车,其对环境影响微小。另外,公共交通单位承载乘客数量庞大,平均到每个乘客身上的能耗非常低,自然归于低能耗的交通方式;新型能源汽车是伴随着绿色交通理念和可持续发展道路应运而生的,研发使用的出发点就在于降低能耗、减少对环境的污染,具有低能耗、低污染的特点。

2. 高效性、舒适性。现代社会是一个信息、人员快速流动的社会,人们日常出行不只是要求交通工具简单的移动使自己能够"到"某个地方,而是要求能够"及时到""舒适到"目的地。因此,高效率、舒适性也是绿色交通的重要特点。绿色交通的出现,不仅能够解决交通发展对生态环境和人们日常生活所带来的问题,其在道路规划设计与完善、公共交通治理改善、鼓励自行车和公交出行、使用清洁能源和新型汽车方面的要求，对解决城市交通拥堵也有一定的成效，能够很好地缓解当前居民"出行难"的现状，提高城市交通的通达性，满足居民对出行时效性的要求，而且通过治理和改善后的公共交通，能更好地满足人们随着生活条件的改善对出行质量提出的高要求。

3. 以人为本，实现共赢。绿色交通旨在减少污染、保护环境，但是并不意味着要限制人们出行自由、降低人们出行质量、致使人们不能选择到最满意的出行方式为代价，恰恰相反，绿色交通的出现不仅是为了实现交通、环境、经济三者的协调发展，更是为了使人们更好地出行。首先，发展绿色交通的过程中，对公共交通的治理和改善能更好地满足人们对出行质量的需求，这体现了以人为本、以乘客为本；其次，在发展绿色交通的过程中，政府对绿色交通的宣传倡导，不仅能够让公民意识到绿色交通的发展对环境有益更惠及民生，而且公民能够心甘情愿地选择绿色交通，这种最终让公民乐意选择绿色交通的方式体现了以人为本；最后，在绿色交通的广泛宣传、全民参与积极的过程中，不但我国公民的绿色出行意识得到大大地提高，而且公民的素质、道德修养也迈向了一个更高的台阶。因此，绿色交通的出现不但体现了以人为本，而且实现了经济、环境、公民素质的多方共赢。

总而言之，绿色交通的特征就是节约资源、降低污染、保证城市交通的高效率，其与仅仅满足人们出行愿望的传统交通有着质的区别。绿色交通不仅能够满足人们在量和质上日益增长的出行需求，而且在节约资源、降低污染、保证城市交通的高效率，最终实现交通运输行业与生态环境之间的友好、协调发展以及推动社会和谐方面有重要贡献，符合可持续发展观。健康交通是健康城市的重要组成部分，应当以城市的环境承载力为前提、以低污染低能耗为导向、以公共交通系统和慢行系统建设为重点、以发展智能交通为发展动力，不断提高绿色交通方式出行比例，形成以绿色交通为主导的健康交通系统。

（四）现代绿色交通体系建设

健康的城市交通不仅能促进城市生态环境、社会环境的改善，还能保持城市居民身心健康发展。健康的绿色交通系统应当围绕实现人的健康来建设，使生活在城市中的人在工作、学习、出行、娱乐等城市生活中均能保持良好的状态。为实现人的健康，在城市交通策略方面主要是鼓励人们选择健康的交通出行方式。不同群体的交通特征特别是交通品质要求侧重点的差异，最终体现在出行交通工具的选择上，从而影响交通出行结构。

1. "步行＋公交" "自行车＋公交"的出行方式。步行和自行车出行方式属于体力出行方式，人们的出行过程也是锻炼身体的过程，对于大多从事非体力劳动的城市居民，多采用步行和自行车出行方式对身体健康是非常有益的。对于城市整体而言，提高公共交通的出行比例将能缓解城市交通拥堵带来的环境污染问题，节约出行时间，有益居民身心健康；对于居民个人而言，由于公共交通站点与出行起点有一定距离，采用公共交通方式出行也就意味着采用"步行＋公交" "自行车＋公交"的出行方式，也需要部分采用体力出行方式，同样可起到锻炼身体的作用。通过以上两方面分析，公共交通方式也属于健康交通出行方式。

2. "停车＋换乘"的出行方式。现阶段，私人汽车的保有量迅猛增长，出行过于集中，引发一系列社会问题，控制和引导小汽车交通发展已在全世界范围内达成共识。小汽车交通显然并不属于健康交通出行方式，但其仍然属于城市交通系统的重要组成部分。在健康交通系统中，如果不能避免使用小汽车，应该考虑缩短小汽车交通的出行距离。采用"停车＋换乘"方式是有效的手段，具体而言在城市外围区，结合交通枢纽和轨道交通车站，设置"停车＋换乘"的停车场，减少进入城市中心区的机动车数量。

"公共交通＋自行车＋步行"构成的绿色交通系统在改善空气质量、缓解交通拥堵、建设可持续发展型城市方面正发挥着越来越积极的作用，因而成为全球公认的未来城市交通发展主流模式。这对交通设施建设提出更高要求，首先，坚持优先发展公共交通、不断改善公共交通系统服务品质以发达的公共交通系统为基础；其次，尽可能加宽步道，设置自行车专用道，以连续的步行设施、安全的自行车路网、高密度的支路网、舒适的运动绿道为重要条件；最后，以完善的交通接驳系统为匹配，将公交换乘、多种交通运输方式的无缝衔接及一体化发展，形成健康交通系统建设的基础条件和环境。

此外，将智能交通作为新的突破点，促进交通减量和节能减排，也是健康交通体系构建的关键环节。只有从根本上解决人车矛盾，并不断提高交通系统的智能化水平，鼓励和引导居民从小汽车交通方式向健康交通出行方式转变，才能提高城市综合交通系统的运行效率，进一步减少交通污染排放与能源消耗，创造宜居的、可持续发展的和充满生活趣味的健康城市。

【百姓茶话】

国外特大城市公共交通现状

1. 日本东京轨道交通。作为世界上轨道交通发展最完善的城市之一的东京，以日客运量1100万人次/天，居于世界轨道交通之最。东京轨道交通线路长度达到2419千米，轨道系统叠加，线路设置各异，表面上线路纵横交错、看似复杂，其实是便利了大众出行。车站分布于几百米范围内，并且出行有了多元化的选择。根据情况灵活调整，选择停站少但快的线。

东京通过车站为中心建立商业区，从而逐渐发展成为城市中心的模式使得东京产生了新宿、涩谷这样的副都心。它们均环绕车站，配套各种设施，超市、商场、餐厅等，这种发展模式既避免了远距离的出行，降低了中心、城区交通的压力，又为当地居民提供了极大的便捷性，实现了公共交通网络全覆盖，有效地将地面公交地铁、自行车、商店布局组织在一起，实现交通一体化，使乘客换乘方便，缩短了出行时间，吸引更多居民选择公共交通出行。

2. 巴西公共交通。巴西的库里蒂巴市位于巴西南部的东南沿海地区，是巴拉那州的州府，是巴西发展速度最快的城市之一，以其便捷的公共交通闻名于世。联合国《2002 年世界城市发展报告》称，库里蒂巴市的一体化公交系统是世界上最好、最实际的城市交通系统，是"实现城市可持续发展的典范"。库里蒂巴是巴西私家车保有量最多的城市，却是使用率最低的城市，得益于构建了一体化公共交通系统。目前，库里蒂巴市一体化公共交通系统由 390 多条线路、近 2200 辆公交车构成，每天客运量为 200 多万人次，覆盖了库里蒂巴市的 1100 千米的道路。库里蒂巴市建立了快速公共交通系统（BRT）。公交巴士全程行驶在专用车道上，不会发生交通拥堵，车速每小时达到 60 千米，高峰期可于 1 分钟之内乘坐上 BRT 线路公交车，人们可以在一个小时之内从市中心抵达郊区的任何地方。由于 BRT 线路的高效、便捷、准时性，能在极短的时间里将大客流有效地加以疏散，吸引了绝大多数的居民公共出行。

库里蒂巴一体化的公共交通系统主要由 6 种不同服务功能的线路构成，线路功能等级清晰。快速线连接市中心区与一体化的枢纽站，在专用道上运行，进出站通过圆筒车站实现；驳运线连接一体化枢纽站及附近地区；区际线连接周边几个城市区域和一体化枢纽站，不到达中心区；直达线作为快速线及区际线路的补充线；主干线连接一体化的车站与中心区，使用一般道路；常规线连接周边城市与中心区，与其他公交没有整合。库里蒂巴公共交通系统构建了一个非常完整的、多元化的网络与服务体系，不但有效解决了城市交通阻塞的通病，而且其发展快速公交的模式成为世界各国学习借鉴的典范。

资料来源：张喆．特大城市绿色交通的评价及对策研究［D］．天津：天津工业大学，2017（3）；巴西库里蒂巴市的一体化公交系统——世界上最好最实际的城市交通系统［EB/OL］．http：//www.cslxsh.gov.cn/h/1653/20120918/1174281.html.

二、绿色能源

能源是向自然界提供能量转化的物质，是人类生存发展的最基本条件之一，人类社会的发展离不开能源。但是，传统的煤、石油等能源并非取之不尽用之不竭，随着人类社会的发展，越来越多的能源被开采和消耗，而且传统化石能源在使用过程中排放出二氧化硫、二氧化碳等气体，对人类的生存环境造成污染，使用所带来的环境问题也日益成为全球化问题。传统能源的发展模式是以高耗能为主导的能源结构，不仅投资大、运营费用高，而且造成了社会整体能源利用的低效率，引发了巨量能源资源浪费与环境污染的恶性循环。

随着雾霾等环境问题的不断涌现，环境观念已经成为与人类生活息息相关的一种理念，控制化石能源，发展清洁的可再生能源成为世界各国的能源发展趋势。能源的发展、能源与环境的关系已经成为全世界、全人类共同关心的问题。20世纪70年代石油危机之后，世界各国对替代能源的兴趣和研究日益高涨。1981年8月，联合国在内罗毕召开新能源和可再生能源会议，推动了利用新能源和可再生能源的升温。绿色能源得到越来越多国家的重视与应用，社会认可度显著提高，绿色能源替代传统化石能源成为大势所趋。我国2005年2月颁布并于2009年12月重新修订的《可再生能源法》对可再生能源的开发利用做出了统筹安排，体现了我国国家政策和法律对可再生的清洁能源的关注和支持正在逐步提高和细化。

绿色能源也称清洁能源，是环境保护和良好生态系统的象征和代名词。它可分为狭义和广义两种概念。狭义的绿色能源是指可再生能源，消耗后可得到恢复补充，如太阳能、风能、水能、生物能、地热能和海洋能。这些能源消耗之后可以恢复补充，很少产生污染。2015年，全球可再生能源的发展速度再创新高，太阳能电力产能增长26%，风能电力为17%。新增太阳能发电项目投资额首次超过煤电和天然气电力项目的投资总额。2015年，发展中国家的太阳能和风能电力项目吸引的投资总额首次超过发达国家。[①] 中国的太阳能装机容量超过德国，跃居全球第一。中国目前是国际洁净能源的巨头，是世界上最大的太阳能、风力与环境科技公司的发源地。广义的绿色能源则包括在能源的生产及其消费过程中，选用对生态环境低污染或无污染的能源，如天然气、清洁煤和核能等。绿色能源与传统能源的最大区别在于其具有两大特征：一是取之不尽用之不竭，能够满足经济的持续发展；二是有低碳的环境友好特点，能够极大地缓解环境压力。因此，从经济的可持续性及环境保护来说，绿色能源是极具发展潜力的。

---

① 元简. 发展中国家绿色能源产业：增长的启示 [J]. 国际问题研究, 2016 (5).

（一）太阳能

太阳是一个巨大、久远、无尽的能源，同时也是许多能源的来源。尽管太阳辐射到地球大气层的能量仅为其总辐射能量（约 3.75×10^{26} W）的 22 亿分之一，但已高达 173000 太瓦，也就是说太阳每秒钟照射到地球上的能量就相当于 500 万吨煤。地球上的风能、水能、海洋温差能、波浪能和生物质能以及部分潮汐能都是来源于太阳；即使是地球上的化石燃料（如煤、石油、天然气等）从根本上说也是远古以来贮存下来的太阳能，所以广义的太阳能所包括的范围非常广，狭义的太阳能则限于太阳辐射能的光热、光电和光化学的直接转换。

太阳能是将太阳的光能转换成为其他形式的热能、电能、化学能，能源转换过程中不产生其他有害的气体或固体废料，是一种环保、安全、无污染的新型能源。目前太阳能的利用主要有两个方面的技术，即光热技术和光伏技术。光热技术是利用太阳光的热辐射，其应用最为成功的领域是太阳能热水器。该项技术的进一步延伸是太阳能热发电，即利用集热器把太阳辐射热能集中起来给水加热产生蒸汽，再通过汽轮机、发电机来发电。光伏技术是对太阳光中的短波辐射能照射于硅质半导体上所产生的电能进行调制后加以利用。光伏发电是利用半导体界面的光生伏特效应而将光直接转变为电能的一种技术，这种技术的关键元件是太阳能电池，太阳能电池经过串联后进行封装保护可形成大面积的太阳能电池组件，再配合上光伏防雷直流汇流箱、直流配电箱、光伏逆变器、升压变压器、太阳跟踪控制系统等部件就形成了光伏发电装置。随着太阳能光伏技术的不断深入发展，其效率、可靠性和稳定性均有了很大的提升，因而从最初的单纯技术研究逐渐转向实际应用领域。太阳能光伏发电应用是目前绿色能源发展的一个重要方向。

太阳能凭借其环保性和广泛性,目前已成为各国未来绿色可持续发展首选的能源之一。从 2011 年开始,全球太阳能电力产能的增长开始明显提速,从 2000 年的 1 吉瓦增长到 2010 年的 40 吉瓦。而仅在 2011 年,新增产能就达到 30 吉瓦。之后,年均产能增长都达到或超过 30 吉瓦。

太阳能既是一次能源,又是可再生能源。它的资源丰富,既可免费使用,又无须运输,对环境没有任何污染。但太阳能也有两个主要缺点:一是能流密度低;二是其强度受各种因素(季节、地点、气候等)的影响不能维持常量。这两大缺点大大限制了太阳能的有效利用。目前开展的对太阳能综合利用的全生命评估(LCA)结果显示,以往的太阳能光电转换的利用方式,由于依赖太阳能电池板这一生产过程中高污染、高耗能的材料,因此利用成本和环境代价都较高。

(二)风能

在能源面临枯竭、环境问题严重的背景下,作为绿色能源的一种,风能取之不尽、用之不竭,具有大规模的发展前景。风是地球上的一种自然现象,它是由太阳辐射热引起的。太阳照射到地球表面,地球表面各处受太阳辐照后气温变化不同和空气中水蒸气的含量不同,因而引起各地气压的差异,在水平方向高压空气向低压地区流动,从而引起大气的对流运动形成风。据估计到达地球的太阳能中虽然只有大约 2% 转化为风能,但其总量仍是十分可观的。全球的风能约为 2.74×10^9 兆瓦,其中可利用的风能为 2×10^7 兆瓦,比地球上可开发利用的水能总量还要大 10 倍。风能资源决定于风能密度和可利用的风能年累积小时数。风能密度是单位迎风面积可获得的风的功率,与风速的三次方和空气密度成正比关系。据估算，全世界的风能总量约 1300 亿千瓦。

在自然界中，风能是一种有巨大发展潜力的无污染可再生能源。人类对风能的利用历史可以追溯到公元前，随着科学技术水平的不断进步，工业社会对于风能的利用有着丰富的经验，配套产业和基础设施也较为成熟。风能作为解决生产和生活能源的一种可靠途径，特别是对沿海岛屿、边远山区，地广人稀的草原牧场，以及远离电网和近期内电网还难以达到的农村、边疆等地区，具有十分重要的意义。风能的利用主要是以风能作动力和风力发电两种形式，其中又以风力发电为主。以风能作动力，就是利用风来直接带动各种机械装置，如带动水泵提水等，其优点是：投资少、工效高、经济耐用。风能利用存在着间歇性、噪音大、受地形影响较大等限制条件，世界风能资源多集中在沿海和开阔大陆的收缩地带。随着全球气候变暖和能源危机，各国都在加紧对风力的开发和利用。风力发电能够满足能源的有序利用，高效洁净的风能日益受到重视，将会是世界能源利用及发电发展的趋势。

（三）水能

水不仅可以直接被人类利用，还是能量的载体。太阳能驱动地球上水循环，使之持续进行。水能是一种可再生能源，是清洁能源，是指水体的动能、势能和压力能等能量资源。广义的水能资源包括河流水能、潮汐水能、波浪能、海流能等能量资源；狭义的水能资源指河流的水能资源。随着矿物燃料的日渐减少，水能是非常重要且前景广阔的替代资源。地表水的流动是重要的水能，在落差大、流量大的地区，水能资源丰富。河流、潮汐、波浪以及涌浪等水运动均可以用来发电。

海洋不仅为人类提供航运、水源和丰富的矿藏，而且还蕴藏着巨大的能量，它将太阳能以及派生的风能等以热能、机械能等形式蓄在海水里，不像在陆地和空中那样容易散失。蕴藏量巨大的海洋能源成为人类在面临能源危机和环境恶化时所亟须开发利用的最重要的清洁能源之一，具有很好的开发前景。全世界的海洋能储量极其巨大，联合国政府间气候变化专门委员会（IPCC）发布的一项研究报告表明，全球海洋能资源理论上每年可发电2000万亿千瓦时，约为2008年全球电力供应量的100多倍。

海洋能是指海洋中所蕴藏的和由于海洋特殊背景环境而产生的可再生自然资源，主要为潮汐能、潮流波浪能、温差能、盐差能等。据估算，潮汐能约27亿千瓦，波浪能约25亿千瓦，海流能约50亿千瓦，温差能20亿千瓦，盐差能约26亿千瓦。我国海洋能源十分丰富，据估算，潮汐能资源约为1.9亿千瓦，波浪能的开发潜力约1.3亿千瓦，沿岸波浪能0.7亿千瓦，海流能0.5亿千瓦，海洋温差能和盐差能分别有1.5亿千瓦和1.1亿千瓦。[①] 潮汐与潮流能来源于月球、太阳引力，其他海洋能均来源于太阳辐射，海洋面积占地球总面积的71%，太阳到达地球的能量，大部分落在海洋上空和海水中，部分转化成各种形式的海洋能。海水中蕴藏的海洋能是重要的水能之一。海洋通过各种物理过程接收、储存和散发能量，这些能量以潮汐、波浪、温度差、盐度梯度、海流等形式存在于海洋之中。

潮汐、潮流、海流、波浪能都是机械能，潮汐能是地球旋转所产生的能量通过太阳和月亮的引力作用而传递给海洋的，并由长周期波储存的能量，潮汐的能量与潮差大小和潮量成正比；潮流、海流的能量与流速平方和通流量成正比。潮汐发电是利用潮汐能进行发电，即通过河口、海湾等特殊地形，建立水坝，围成水库，同时在坝旁或坝中建水力发电厂房，利用潮汐涨落时海水

① 袁红姝. 我国可再生能源发展现状和前景展望 [J]. 科研, 2017 (3).

流过水轮机时推动水轮发电机组发电。据世界动力会议估计，到2020年，全世界潮汐发电量将达到1000亿～3000亿千瓦时。对于潮流能资源丰富的海域，研发布放兆瓦级机组可有效降低单位发电成本。世界上第一个商业化运行的潮汐发电站是法国北部英吉利海峡上的朗斯河口电站，1966年建成，总装机容量为24万千瓦，单机功率为1万千瓦，共24台水轮机，年发电5.44亿度。国际潮流能技术产业化进程加快，已进入商业化应用。法国、荷兰、美国、英国等国家正积极布局全球潮流能开发利用，并取得了一系列重要进展。

波浪能是一种在风的作用下产生的，并以位能和动能的形式由短周期波储存的机械能，波浪的能量与波高的平方和波动水域面积成正比。波浪能发电是利用波浪发电装置将波浪能转换成电能。据科学家推算，地球上波浪蕴藏的电能高达90万亿千瓦时。波浪能发电是继潮汐发电之后，发展最快的一种海洋能源的利用。国际波浪能技术在近年来得到了迅速发展，海上导航浮标和灯塔已经用上了波浪发电机发出的电来照明，大型波浪发电机组也已问世。目前世界上已有日本、英国、爱尔兰、挪威、西班牙、葡萄牙、瑞典、美国和中国等国家和地区在海上研建了波浪能发电装置，但波浪能技术种类比较分散，尚未进入技术收敛期。尽管有不少波浪能发电装置进行了长期海试，但由于波浪能的不稳定性，如何积累、存储波浪能使其成为有用的能源，如何提高设备的抗恶劣环境的能力，如何实现高效转换等关键技术问题仍然有待突破。国际波浪能技术基本处于示范运行阶段，可靠性、生存性等关键技术仍是制约波浪能技术发展的"瓶颈"，而且现有波浪能发电装置基本安装在近岸海域运行，尚未到波浪能资源更好的离岸6千米以外区域开展示范运行。因涉及的中间环节多，波浪能转换成电能效率低，电力输出波动性大，对波浪发电的进一步发展有所制约，导致系统研究开发波能发电速度缓慢。

海水温差能是热能，低纬度的海面水温较高，与深层冷水存在温度差，而储存着温差热能，其能量与温差的大小和水量成正比。温差能发电利用海洋表层和深层的温差，对中间介质进行沸腾冷却，驱动涡轮机运转，带动发电机发电。温差能发电最大的缺憾就是温差太小，能量密度不高，所以强化传热传质技术是温差能转换的关键。日本、美国、法国、韩国等国建造了温差能发电及综合利用示范电站，取得了较好的运行效果。国际温差能技术仍处于核心技术突破阶段，其冷水管技术、平台水管接口技术、热力循环技术以及整体集成技术等方面仍存在一定问题。温差能发电要突破高发电成本的制约，需要向十兆瓦甚至百兆瓦电站规模发展，同时利用其在海水淡化、制氢、空调制冷、深水养殖等方面的综合利用优势。

海流能发电是利用海流流动推动水轮机发电，和风力发电有类似的原理。因海水有相当于1000倍空气的密度，且装置必须放在水下，所以海流发电存在安装维护、防腐、海洋环境中的载荷与安全性能、电力输送等一系列的关键技术问题。

河口水域的海水盐度差能是化学能，入海径流的淡水与海洋盐水间有盐度差。盐差能发电就是将不同盐浓度海水间的化学电位差能转换成水的势能，再利用水轮机发电。渗透压式、蒸汽压式、机械化学式是该发电的主要方式。在不同盐度的两种海水间放一层半透膜，通过膜会形成压力梯度，盐度低的一侧的水会通过膜向盐度高的一侧流动，一直到两侧盐度相同。通过海水泵将海水冲入水压塔，利用渗透压，淡水从半透膜渗透到水压塔内，使塔内水位增高，达到一定高度后，水从塔顶溢出并冲击水轮机旋转，带动发电机发电。膜技术和膜与海水介面间的流体交换技术是盐差能发电的关键技术。目前，以色列、荷兰等国已经建成了盐差能发电的实验装置，实用性盐差能发电站还未问世。

海洋能源是对于沿海和海岛居民提供能源支持的最优选择，具有其客观环境的优势和巨大的开发潜力。目前，海洋能主要应用于潮汐能发电、波浪发电、海水温差能发电、盐差能发电、海流发电等领域。海洋能发电属于清洁能源发电，在化石能源逐渐消耗殆尽的将来，海洋能发电具有很好的发展前景，但由于海洋能资源的能量密度不高、分布不均匀，使其开发利用难度较大。此外，各种能量涉及的物理过程开发技术及开发利用程度等方面存在很大的差异，近期大规模开展潮汐发电等海洋能开发建设的可能性不大。

（四）地热能

地热能是由地壳抽取的天然热能，这种能量源于地球的熔融岩浆和放射性物质的衰变，并以热力形式存在。地球内部的温度高达摄氏 7000 度，而在 80 ~ 100 千米的深度处，温度会降至摄氏650 度 ~ 1200 度。透过地下水的流动和熔岩涌至离地面 1 ~ 5 千米的地壳，热力得以被转送至较接近地面的地方。高温的熔岩将附近的地下水加热，这些加热了的水最终会渗出地面。地热能在世界很多地区应用相当广泛，据估计，每年从地球内部传到地面的热能相当于 100 帕瓦时。[①] 地热能分为浅热、水热和干热三种类型，利用地热能的方式主要为浅层地热（0 ~ 3 千米）的直接应用和间接利用，即地热发电方面两大类。其中最简单和最合乎成本效益的方法，就是直接取用这些热源，并抽取其能量。如果热量提取的速度不超过补充的速度，那么地热能便是可再生的。地热能的储量比目前人们所利用的总量多很多倍，而且集中分布在构

---

① 张元培. 湖北京山地热田成因模式及其数据库开发 [D]. 北京：中国地质大学，2010.

造板块边缘一带、该区域也是火山和地震多发区。地热能的分布相对来说比较分散，开发难度较大，地热发电和中高温的地热开采，需要更精细的技术要求。地热直接利用虽然发展较好，但也存在资源利用效率较低、地热成井工艺、回灌技术以及结垢和腐蚀等技术问题。随着科技水平的提高，地热能的技术装备和产业体系建设的加快，形成资源梯级开发综合利用的最佳模式，未来地热能将显示出强大的生命活力。

（五）氢能

氢是自然界存在最普遍的元素，它构成了宇宙质量的75%，除空气中含有氢气外，它主要以化合物的形态贮存于水中，而水是地球上最广泛的物质。如把海水中的氢全部提取出来，它所产生的总热量比地球上所有化石燃料放出的热量还大9000倍。除核燃料以外，氢的发热值是所有化石燃料、化工燃料和生物燃料中最高的，为142351千焦/千克，是同等重量碳的4倍，汽油的3倍。氢燃烧性能好，点燃快，与空气混合时有广泛的可燃范围，而且燃点高，燃烧速度快。氢本身无毒，燃烧时除生成水和少量氮化氢外不会产生诸如一氧化碳、二氧化碳、碳氢化合物、铅化物和粉尘颗粒等对环境有害的污染物质，少量的氮化氢经过适当处理也不会污染环境，而且燃烧生成的水还可继续制氢，反复循环使用。

氢能是一种二次能源，因为它是通过一定的方法利用其他能源制取的，而不像煤、石油和天然气等可以直接从地下开采。在自然界中，氢已和氧结合成水，必须用热分解或电分解的方法把氢从水中分离出来。燃料电池即是将氢与氧直接通过电化学反应产生电与水，一个步骤就可发电，发电较传统方式有效率。商品化后，这样的发电系统不但适合一般家庭使用，其副产品所产生的热水，在40~60摄氏度间，相当适合家庭洗澡与厨房利用，一举两得。如果用煤、石油和天然气等燃烧所产生的热或所转换成的电支分解水制氢，那显然是划不来的。现在看来，高效率的制氢的基本途径，是利用太阳能。如果能用太阳能来制氢，那就等于把无穷无尽的、分散的太阳能转变成了高度集中的十净能源了，其意义十分重大，有望缓解能源危机。

（六）生物质能

生物质是指由光合作用而产生的各种有机体。生物质能是一种可再生的绿色能源。生物能是太阳能以化学能形式储存在生物中的一种能量形式，一种以生物质为载体的能量，它直接或间接地来源于植物的光合作用。在各种可再生能源中，生物质是独特的，它是储存的太阳能，更是一种唯一可再生的碳源，可转化成常规的固态、液态和气态燃料。据估计地球上每年植物光合作用固定的碳达 2×10^{11} 吨，含能量达 3×10^{21} 焦耳，因此每年通过光合作用贮存在植物的枝、茎、叶中的太阳能，相当于全世界每年耗能量的10倍。[①] 生物能是第四大能源，生物质遍布世界各地，其蕴藏量极大。

世界上生物质资源数量庞大，形式繁多，所有生物质都有一定的能量，而作为能源利用的主要是农林业的副产品及其加工残余物，包括薪柴、农林作物，尤其是为了生产能源而种植的能源作物，农业和林业残剩物，食品加工和林农业品加工的下脚料，城市固体废弃物，生活污水和水生植物等。我国可用作能源的生物质资源主要包括：森林采伐和木材加工剩余的各种枝丫、树皮、刨花、锯屑等；农业残余物包括各种秸秆、稻壳、蔗渣等；人畜

① 李姝睿，等. 新型植物能源的现状及发展方向分析 [J]. 农业与技术，2005 (10).

粪便、工业有机废水，如酿酒厂的酒糟废水及固体废弃物，垃圾和造纸厂的筛选废料等。生物质能为人类提供了基本燃料，将有机物转化成燃料，可减少环境公害，提供廉价能源，技术上的难题较少。生物质能的利用主要有直接燃烧、热化学转换和生物化学转换等三种途径，目前主要有固化技术、液化技术、气化技术和生化转化技术。

生物质固化技术是指在密闭高压或者高温高压同时存在的条件下，将生物质原材料压缩成具有一定形状的高密度成型原料。"炭化成型技术"是最新的生物质固化技术之一，炭化是指在高温下析出蕴含在生物质内部的水分，从而导致生成含碳量不断增加的化合物的过程。其优点是生物质的纤维素结构在炭化过程中受到破坏，减轻了对成型机械设备的磨损，从而也降低了成型能耗；缺点是经过炭化的化合物维持既定形状的能力降低，在运输过程中易破损。

生物质液化技术是指在低温高压的条件下，将原材料在反应装置内经过较长时间的化学反应形成液体产品的过程。直接液化和间接液化是生物质液化技术的两种主要方式，其中直接液化又分为加压液化和热解液化；间接液化指生物质在外界条件下先经过气化形成气体产物后，再将气体产物合成液体燃料和化工产品的过程。

生物质气化技术是一种以生产可燃性气体为主要目的的生物质热化学转化技术，是指固体生物质（各种植物的茎、秆、叶、根和果壳等）在高温条件下，与气化剂（空气、氧气或水蒸气等）反应得到小分子可燃气体的过程。由于生物质在 70~80 摄氏度时，内部的化学物质已经很不稳定，有相当部分的固态燃料转化成挥发性物质析出，所以生物质原料经预处理后，在高温和气化剂存在的条件下就可以析出氢气、一氧化碳、甲烷和少量小分子烃类物质。由于生物质具有这种独特的性质，所以气化技术十分有利于生物质原料的转化，生物质气化后利用率是直接燃烧的 3 ~ 5 倍，在提高生物质利用率及减少污染方面有重要作用。

生物质生化转化技术主要包括生物发酵技术和厌氧消化技术，其中生物发酵的主要产物是乙醇，而厌氧消化的产物为沼气。发酵技术主要包括原料的预处理、发酵和蒸馏等工艺，此项技术已经在车间内得到规模化生产应用。沼气技术是一项相对比较成熟的生物制能技术，将有机废弃物和生活垃圾在无氧的环境条件下，通过微生物的发酵作用产生以烷烃为主的可燃性气体。

（七）核能

核能俗称原子能，它是原子核里的核子——中子或质子，重新分配和组合时释放出来的能量。核能通过三种核反应之一释放：一是核裂变，打开原子核的结合力，如铀的裂变，原子弹、核电站、核反应堆等等都利用了核裂变的原理；二是核聚变，原子的粒子熔合在一起，如氘、氚、锂等，氢弹是利用氘、氚原子核的聚变反应瞬间释放巨大能量这一原理制成的；三是核衰变，自然的慢得多的裂变形式，如利用放射性物质衰变会释放出能量的原理所制成的核电池，已成功地用作航天器的电源、心脏起搏器电源和一些特殊军事用途。

早在 20 世纪 50 年代，西方国家率先发现了核电能源，并广泛应用于生产和生活中。核电站只需消耗很少的核燃料，就可以产生大量的电能，每千瓦时电能的成本比火电站要低 20% 以上。截至目前，世界使用核电能源的历史已经近 70 年。核动力反应堆不仅可以用来发电，还可以供热和推动船舰。核能作为船舶的动力能源，其优越性相当明显。核动力装置首先是被应用于潜艇和航空母舰等军用舰艇，而后也可用于推动民用船舶，如核动力客船、散货船和破冰船等。

相比核裂变，核聚变的能比核裂变的能高出 5～10 倍，而且几乎不会带来放射性污染等环境问题，是理想的能源方式。核聚变最适合的燃料重氢（氘）又大量地存在于海水中，可谓"取之不尽，用之不竭"，有望成为未来能源系统的支柱之一。

核能虽然属于清洁能源，但投资较高，而且几乎所有的国家，包括技术和管理最先进的国家，都不能保证核电站的绝对安全，苏联的切尔诺贝利事故、美国的三里岛事故和日本的福岛核事故影响都非常大，核电站尤其是战争或恐怖主义袭击的主要目标，遭到袭击后可能会产生严重的后果，所以目前发达国家都在缓建核电站，以可再生能源代替，但可再生能源的成本比其他能源要高。

绿色能源既是解决环保和能源危机的切入点，也是绿色经济发展的增长点。可再生能源是最理想的能源，可以不受能源短缺的影响，但也受自然条件的影响，如需要有水力、风力、太阳能资源，而且投资和维护费用高、效率低，所以发出的电成本高。能源发展主要有开源和节流两种策略思路：一方面降低煤炭消费比重，使用低污染的化石能源（如天然气等）和利用清洁能源技术处理过的化石能源，如洁净煤、洁净油等，在生产及消费过程中尽可能减少对生态环境的污染；另一方面积极寻找提高利用可再生能源效率的方法，大力发展风电、太阳能、地热能等可再生能源，安全发展核电。

【专家论道】

中国绿色能源发展

2006～2016 年，我国新能源产业发展迅速，培育了大批节能环保等绿色战略性新兴产业，并且一部分新兴产业在相关领域处于国际竞争优势地位。根据国家能源局的统计资料显示，2015年我国风电装机量再创历史新高，全国新增安装风电机组为16740台，装机容量达30753兆瓦；累计安装风电机组为92981台，装机容量达145362兆瓦，同比增长26.8%。其中，海上风电新增装机为100台，装机容量达360.5兆瓦，同比增长58.4%。这使我国成为世界节能以及利用新能源和可再生能源的第一大国。同样，我国光伏发电建设速度也非常快。权威部门有关数据显示，2015年我国光伏新增装机15千兆瓦，累计装机达43千兆瓦，超过了德国，成为全世界累计装机量最大的国家。全球能源世界的重要观察者——《BP世界能源统计年鉴》最新一期年鉴显示，2016年，中国内地可再生能源消费量86.1百万吨油当量，同比增长33.4%，占全球可再生能源消费量的20.5%，成为全球最大可再生能源消费国。BP能源年鉴显示，2016年全球二氧化碳排放同比增长0.1%，而中国碳排放同比下降了0.7%。2016年中国贡献了全球可再生能源增长的41%，超过经合组织的总增量。2006～2016年，中国可再生能源消费量的全球占比由2%提升至20.5%。

为了进一步推进绿色新兴产业和新能源的发展，我国"十三五"规划纲要明确提出，要实现新一代光伏、生物质能、大功率高效风能、氢能、智能电网等核心关键技术的突破及产业化。此外，对传统能源要进行升级改造，提高其清洁化利用水平，并加大天然气、风能、太阳能、地热能等清洁能源的开发和利用力度，持续推进接续替代产业的发展。随着新能源产品开发与新能源技术应用的日趋成熟，新能源产品和技术将直接服务于绿色经济与低碳社会的发展，新能源有望成为未来绿色经济发展的支柱产业。

资料来源：雷青松. 我国绿色发展的现实困境及路径选择 [J]. 党政干部学刊，2016 (11)；绿色能源时代的中国担当 [N]. 云南日报，2017 - 07 - 24.

三、绿色办公

绿色办公广义上来说包含的内容相当广泛，如办公环境的清洁、办公产品是否安全、办公人员的健康、员工的身体健康等都成为绿色办公的重要内容。从狭义上来说，绿色办公是指在办公活动中使用节约资源、减少污染物产生、排放，可回收利用的产品。

近年来高级写字楼和办公楼逐渐增多，办公环境中存在多种污染源。办公室装修和办公家具会形成办公环境污染，装修中用的涂料、地板、办公家具往往含有甲醛、甲苯、二甲苯等有害物质，还有其他挥发性有机物，对人体造成很大伤害。办公设备及耗材也会形成办公环境污染，办公室里的电脑、打印机、复印机、传真机等都会造成臭氧、电磁辐射等污染，长期过量地使用会损害人体健康。这些有害物质容易使人致癌，再加上配有取暖、制冷、通风和空气调节（HVAC）等机械设施系统的广泛使用，使得办公环境开窗通风时间减少，而经常处于密闭状态，不仅容易滋生细菌、霉菌和病毒，也不利于污染的扩散，更加剧了室内有害物质的累积。长时间在这种环境里工作的员工容易患"致病建筑物综合症"。国外科学家调查发现，在密闭写字楼和办公楼里工作的人，呼吸系统和神经系统疾病的发病率比一般人要高45%，全世界6.7%的职员因办公室空气污染，而得办公大楼综合症。这些症状包括鼻黏膜干燥、眼睛、鼻子和嗓子有受刺激感，引起员工昏昏欲睡、感到头疼或者身体器官处于低活动水平，一些负面健康效应产生，同时也给工作带来不便，如工作效率降低、工作中产生失误等。据美国劳动局统计，办公室空气污染，不仅严重造成员工的身体健康损失，也造成巨大的经济损失，仅在美国每年的经济损失就高达 100 亿美元。①

　　每个人每天至少有 1/3 甚至更多的时间待在办公室办公，当打印各种工作文档，使用各种电子设备，我们不知不觉地成为了"能耗大户"。据惠普的一项调查发现，如果有 10 万用户在每天工作结束时关闭电脑，就能节省高达 2680 千瓦时的电，减少 3500 磅的二氧化碳排放量，这相当于每月减少 2100 多辆汽车上路。一项来自 IBM 的评估则表明，该公司全球范围仅因鼓励员工在不需要时关闭设备和照明，一年就将节省 1780 万美元，相当于减少了 5 万辆汽车行驶的排放量。②

　　"绿色办公"现在成为一个很热的时尚词，宗旨是实现办公室的节能减排，考核标准主要分为两方面，即人均能耗及单位建筑能耗标准。具体而言，绿色办公是指工作环境有益于环保、健康，同时在办公活动中尽量减少资源和能耗的消耗。它主要包括两个方面：一是指办公人员日常办公方式的"绿色化"，即自觉节水、节电等节约行为，减少能耗资源消耗和排污；二是指办公环境的"绿色化"，从建筑材料、办公室设计、办公采购等方面来实现建筑节能和生态环保。

（一）办公方式的"绿色化"

　　办公人员日常办公方式的"绿色化"，即自觉的节水、节电等节约行为，实现污染零排放。

　　1. 节约能源。

　　（1）采购办公室电器用品时，在考虑价格因素的同时，尽量

---

　　① 孙树霞. 减少办公环境中有害物质的绿色室内设计研究 [D]. 西安：西安建筑科技大学，2013（5）.

　　② 绿色办公：收获的不仅仅是低成本 [EB/OL]. http：//news. 163. com/09/0706/04/5DGVO8I2000120GR. html. 2009 – 07 – 06.

挑选省电、省能源的产品。

（2）下班后，关闭办公室内所有的灯、计算机、饮水机及其他电器设备。

（3）在午休、加班时，及时关闭不用的电灯和计算机。

（4）如果办公室位于五层或者以下，选择爬楼梯而不是使用电梯。

（5）在办公室贴标识以提醒员工随手关灯、节约能源。

2. 节约办公用品。

（1）使用打印机或者影印机的时候，尽可能使用再生纸、双面打印。

（2）缩小字号、减小页边距，使文本的格式更加契合纸张。

（3）使用订书针或者回形针取代胶水，尽量避免使用涂改液。

（4）使用铅笔，可以重复使用纸张，或者使用可以换笔芯的笔或钢笔而不是一次性笔。

（5）使用可替换内芯的碳粉盒、充电电池及其他可循环使用的物品。

3. 回收再利用。

（1）采购可回收的办公设备与耗材。

（2）重复使用文件袋、档案盒、包装箱等物品。

（3）分类回收办公用纸，如复印纸、旧信封、信纸、报刊报纸及包装用纸等。

4. 减少一次性用品的使用。

（1）使用能重复使用的容器装午餐，自带勺子、筷子、餐巾和午餐饭盒。

（2）用能重复使用的杯子替代一次性纸杯。

（3）分类处理垃圾，设立简单的回收玻璃瓶、铝罐等回收系统。

5. 无纸化办公。无纸化办公从字面上理解，就是在办公中不用纸张。企业利用办公自动化系统，就能在日常办公中节约大量的纸张，轻松实现无纸化绿色办公。具体而言，就是用办公自动化系统来完全代替纸张办公，通常的审批、申请等工作流程不需要打印、存档，在系统里就能做文件、填表格，提交审批，发布信息公告等，能够实现自己查阅或是共享给他人，不仅省略了打印的环节，避免了纸张的浪费，而且节省了工作时间，提高了工作效率。

（二）办公环境的"绿色化"

办公环境的"绿色化"即打造绿色办公室，从建筑材料、办公室设计、办公采购实现建筑节能和生态环保。主要在抓好节约用电，降低油、气、水消耗，新建节能建筑，节能采购四方面下大工夫。一项新研究发现，在绿色建筑的办公室里上班的人们可以更好地思考而且下班回家后睡得更香。研究表明，更好的通风、光线以及热控制条件可以让员工表现得更好，生产力每年可以提高几千美元。同时也表明了更加主观的方面，比如精美的设计会让工作者心情更加愉悦，工作更加有效率，而且可以减少"病态建筑综合症"发病病例。

我国新修订的《绿色建筑评价标准》（GB/T 50378—2014）已于 2015 年 1 月 1 日起实施。适用范围包括住宅建筑和公共建筑中的办公建筑、商场建筑和旅馆建筑、民用建筑等各主要类型。评价指标体系实现对建筑全生命期的覆盖，具体包括节地与室外环境、节能与能源利用、节水与水资源利用、节材与材料资源利用、室内环境质量、运营管理、施工管理七大指标。

1. 建筑的节能环保。

（1）采购节能、节水、节材的环保建筑产品。

（2）使用可回收的原材料，并且产品的零部件也是可以回收的。

（3）充分利用自然条件，采用日照采光、自然通风，减少资源消耗。

（4）综合利用各种绿色科技，包括新能源和水处理技术等。

2. 办公室设计。

（1）使用绿色材料装修设计办公室。

（2）采用节水水龙头或者节能干手机等节能设备。

（3）控制办公区域低量噪音污染。

（4）严格控制空调的设定温度。

（5）种植绿色植物和盆栽，清新空气、吸附污染物。

【专家轮道】

日本绿色办公妙招多

日本许多企业已经身体力行地实行绿色办公，具体包括节约资源能源、减少污染物产生、使用可回收利用的产品等。日本不少办公楼有很多融入绿色办公的理念的细节，一方面是因为节水、节电、节约纸张可直接减少办公经费，与公司利益相关；另一方面也与日本环保意识深入人心有关。

一些办公楼洗手间冲水的水箱上方有一个水龙头，而水箱盖则被设计成有一定弧度、中间有洞的浅盆状，上完厕所冲水后，水龙头会自动打开给水箱补水，使用者直接伸手到水龙头底下洗手，洗手水流进水箱供下次冲厕所用。

一些公司的公共休息区域提供饮品，但不提供一次性纸杯，员工都用自己的水杯喝饮料。甚至一些大型国际会议也不提供瓶装水，与会者需要自备水杯打水喝，而且与会者收到的资料基本都是双面打印的。许多政府机关和企业规定要将使用过的打印纸放到指定地方，以便回收作为原料生产新的纸张。还有以牛奶盒为原料的卫生纸、回收纸张制成的铅笔等也是办公必备，一些写字楼的载人电梯不停低楼层，鼓励低楼层的人爬楼。

日本一些办公设备生产商顺应绿色办公潮流，推出各种支持无纸化办公的设备和解决方案。日本理光公司研制出一款未来型办公桌，不需携带和分发任何打印的纸质材料，只要扫描卡片就能读取存储在电脑中的信息，并投射到投影屏幕上。若用笔在桌面显示的页面中写字或作标记，手写的内容就能立即出现在投影屏幕上。桌面的文字或标记如不需要了，可随时擦去，再书写新的内容。

日本的绿色办公在节电和使用绿色电力方面也做了很多文章。大部分的日本政府机构、办公大楼、购物中心、学校、医院、车站、公园等都安装了太阳能发电系统。有的企业还建有太阳能停车场，来满足员工电动自行车的需要，办公楼里设有携带内置太阳能电池板的小桌，员工可以为手边的电子设备充电。有的企业还在室内外种植了大量植物，用来调节大楼内的室温，减少二氧化碳排放，造就绿色办公环境。

日本提倡从春末到秋初不打领带、不穿外套、穿短袖衬衫、夏季冷气温度设置不低于28摄氏度，以及从秋末到冬末在西装上衣内加穿背心、毛衫等、冬季采暖温度设置不高于20摄氏度，既大幅度节约了电能，又促进了夏季清凉用品和冬季保暖用品的热销。另外，给窗户张贴隔热膜、使用节能灯具、给灯具安装人体感应开关、使用节能高效的办公设备等在日本办公室里已经成为常识。

四、绿色包装

（一）绿色包装的发展

包装行业与国民经济的各个领域密切关联，其发展程度能充分反映出国家和地区经济发展综合水平以及社会消费能力。绿色包装的兴起，一是源于日益严重的生态环境问题，二是源于不可再生资源的日渐枯竭。随着环保意识的增强和可持续发展观念的深化，包装废弃物所造成的环境影响和资源浪费越来越受到世界各国的广泛关注。很多国家都通过立法、制定标准等措施来倡导绿色包装，绿色贸易壁垒也对包装提出了越来越多、越来越严格的要求。在低碳经济背景下，有效利用资源、减少环境影响、推进绿色包装是包装产业发展的必然趋势。

目前，世界各国对绿色包装还没有明确的定义，欧洲各国普遍认为绿色包装应该符合3R1D原则，包装减量化、可重复利用、可回收再生、可降解腐化。绿色包装要求包装物在满足其基本职能的前提下应尽量减少使用量，在完成其保护商品的职能后，废弃的包装可以重复利用，可以生产再制品达到再利用的目的，包装物废弃后可在一定时间内被土壤分解，而不是长期不可分解。具体而言，绿色包装主要包含三个层次：一是所采用的包装材料不含有有毒的污染物、重金属等物质，应该对人体无危害，对环境无影响；二是包装材料的减量化，即在满足必需的使用功能的前提下，尽量减少材料的使用量；三是包装材料应该尽量可回收利用，采用可以二次使用或者多次循环使用的材料，少量的废料可以在自然中降解，减少对环境的污染。

从环境保护角度定义绿色包装是指"对生态环境人类健康无害，具备重复使用与再生的特点，满足可持续发展的包装。"这一定义包含了绿色包装的两个特点：一是发展绿色包装的本质是为了保护自然和人类现有的生态环境；二是发展绿色包装的目的是为了节约宝贵的自然资源，实现社会经济的可持续发展。绿色包装通过不断地革新、规范及高效实施，成为民众所熟悉和认可的包装形式，构建起可靠的群众基础。

绿色包装在许多发达国家有很高的普及率。美国、日本等国家开始评估包装的生命周期，开发绿色环保的包装材料，并发展了资源再利用的工业体系。在一些发达国家，玻璃材质和金属材质的绿色包装产品，可通过成熟的技术将使用过的包装循环复用和资源再循环使用。美国规定生产商在符合规定65%的包装回收率后可以申请免包装废弃物的预收费，让选择该包装废弃物商品的消费者承担。日本为提高消费者的环保意识，明文规定了当出售污染环境的包装时，需要向消费者收取一定的押金，待废弃包装归还后方可返还消费者押金。荷兰政府与包装生产商规定65%的包装废弃物必须符合重复利用。欧美等发达国家经常组织绿色、健康的活动，加深了人们的环保意识，使利他行为和环保意识成为人们生活的一部分。

目前，我国成为全球第二大包装大国。我国每年城乡的垃圾高达4亿吨，包装垃圾就占到30%。其中，70%以上的产品包装都是一次性包装，包装垃圾回收后只有25%的再利用率。[①] 在可持续发展的今天，迫切需要考虑到资源浪费、持续性发展的重要问题，在考虑到回收再利用以及包装功能性增加的基础上，做到真正意义上减少包装废弃物，使包装服务于人类的绿色发展。绿色包装成了现下热议的话题，比如快递包装难收的问题等，待开发领域巨大，其潜在市场值得深入探究。

【专家论道】

绿色包装市场发展潜力巨大

绿色包装是整个包装行业的发展趋势，以纸代木、以纸代塑、

---

① 关烨纬. 绿色包装设计对消费者行为的影响 [D]. 天津：天津工业大学，2017(2).

以纸代玻璃、以纸代金属已成为可持续发展的共识。随着复合材料纸、功能型专用纸和无污染的植物纤维纸不断地被开发，纸材的功能和适用性今非昔比，广泛应用于药品、文教用品、小五金制品、日用品、香烟、食品、工艺品、化妆品、小型家电等产品，更多地取代了其他材质的包装。

随着整个包装行业对环保要求的不断提高、对包装功能需求的拓展，材料创新、功能创新等新型包装将迎来更大的发展空间。材料创新是指采用新型材料，使得包装在获得不亚于原有产品性能的前提下更加环保、更加满足消费者需求，主要包括纳米包装、可食性包装和绿色包装。功能创新是指运用新技术使得包装物实现其原来不具备的功能，主要包括复合包装、活性包装和自加热与自冷却包装等。目前我国大部分纳米包装、智能包装产品仍处于实验室研发阶段；而可食性包装、自加热和自冷却包装只有小范围投入。

行业的快速发展相应地促进了行业要求的提高。近10年来，绿色或可持续性包装已成为包装业中的热门话题。专家预计2016~2021年，全球绿色包装市场将以7%的复合年增长率增长。绿色包装市场2015年的收入为1615亿美元，预计到2021年将增长到2425亿美元。① 亚太地区有望成绿色包装发展最快市场。可重复使用包装、可回收包装和可降解包装是全球绿色包装市场的主要类型。其中可回收包装在2015年占据全球绿色包装市场的主导地位，占总市场的重要份额。此外，可重复使用的包装是绿色包装的第二大类型，预计由于政府出台的一些法规和对生物塑料包装需求的增长，未来几年绿色包装的市场需求还会显著增长，同时，可降解包装将温和增长。

---

① 2021年绿色包装市场收入将达2425亿美元 [J]. 中国印刷, 2017 (5): 8.

（二）绿色包装设计

相较于传统包装设计，绿色包装设计具有明显的差异性。传统包装设计的理论和方法是以人为中心，目的是保护商品，单纯地考虑满足人类的需求和解决包装带来的问题。而绿色包装设计在考虑到传统包装所涉及的问题基础上，把保护资源和环境的战略融入设计中，将原有包装设计过程中所忽略的后续生产、使用带来的资源、能源消耗和环境污染的问题考虑在内，弥补了传统包装设计中的不足，提出了新的设计理念。

绿色包装设计不是单一的，而是包括了从产品设计理念的萌生到原料选定、加工过程、制造方式，再到用户或消费者使用，以及最后回收或处理等的全过程是否绿色环保。具体而言，绿色包装设计要求重视包装资源化和无害化，研发和选用资源消耗少、生产制造及回收过程对环境无污染的绿色包装材料，加强对再生材料的运用。目前的绿色包装设计主要体现在对传统包装材料的控制上，比如玻璃瓶等包装材料的重复利用、天然植物纤维为材料的纸质包装等，但这些包装成本高于普通包装，商家介于规模发展的限制，大多没有足够的能力投入实施，绿色包装的使用还是稍有不足。

【百姓茶话】

零污染食品包装的创新

食品包装作为日常生活中最普遍最广泛的一种包装形式，在人们日常生活中扮演重要的角色。目前，食品包装是包装废弃物产生的重要来源，食品包装废弃物的解决对于提高经济发展、文化水平以及人们生活水平有着非常重要的作用。当代的食品包装设计师已经开始渐渐注意到，除了视觉上的吸引之外，还应负责任地设计。零污染食品包装提出了一种真正减少废弃物的环保包装方式，即从包装的开始到结束，真正符合绿色包装的真正意义，并且能够成为生活中的重要部分。

通过新型的可食用材料，结合包装设计的艺术理论原则，在卫生安全的基础上，保证产品的包装仍然起到保护运输的基本功能的原则上，使食品包装使用结束后可自行消融或被消费者使用。零污染食品包装在国外已有尝试，用特制的饼干为原料，制成可食用的咖啡杯；用番茄，胡萝卜，韭葱等蔬菜材料制成的蔬菜盘；用海藻制成的可食用纸杯蛋糕；用淀粉制成可食用的包装纸等。2008 年 12 月 26 日英国《独立报》报道德文郡的一家设计公司——"氧气创意公司"，在圣诞节期间推出了一款可食用贺卡。此贺卡的材料是由土豆淀粉制作而成，用食用色素代替油墨，印刷颜料也同样可以食用。并且该贺卡上印的全部都是英国日常餐桌上经常可以见到的蔬菜照片，深受广大人民的欢迎。零污染食品包装在结束包装功能的同时，成为产品的一部分，不仅达到绿色环保的根本目的，而且使消费者能够从这样的包装形式上获取心理以及生理上的快乐。

可口可乐公司为南美洲西北部国家哥伦比亚的消费者设计一款可以自行融化的冰瓶。该设计完全摒弃了传统塑料和玻璃的材质，可乐瓶子整体都是由冰块打造。可口可乐公司设计了专门的硅胶模具，将干净的淡水倒入其中，然后将其冻至零下 13 摄氏度，从而形成了冰瓶。为了解决冰瓶不方便携带的问题，可口可乐公司在此包装上设计了带有 Logo 的橡圈，可以保护消费者的手不被冻伤，使用后还可以当腕带。当可乐喝完，冰瓶既可以保持持久的冰冻状态，而且喜欢冰块的消费者还可以将冰瓶吃掉，或者冰瓶可以自行融化。此款包装不用考虑玻璃和塑料的回收问题，完全不造成任何的废弃物，大大减少了对环境的破坏。

（三）绿色包装材料

绿色包装材料是绿色包装的关键，它不仅能够减少和消除包装材料对环境的污染，减轻对生态环境带来的压力，而且能够节约资源，替代某些稀缺的资源，使废旧资源再利用。绿色包装材料是以科技作为基础，研制包装新材料、新工艺和新产品，是发展绿色包装的关键。

绿色包装材料是指在全生命周期内对自然环境和人类健康不造成危害，并且后期能实现回收再使用或可自行降解不污染环境，能有效地降低不可再生资源的消耗的包装材料。综合我国绿色包装材料的应用及发展现状可以将其分为可降解材料、纸质包装材料和可食性包装材料。

1. 纸质包装材料。纸质包装材料是人们最熟悉、应用最早、最广泛的绿色材料。从来源上看，纸质材料源自大自然，在使用后会迅速被大自然"消化"，不会带来环境污染方面的问题，还可以通过回收的方式重新制造纸质材料，又容易降解腐化，对环境无害。基于纸材料轻薄、价格低廉、防震等显著优势，全球范围内很多公司都青睐于纸质材料，据相关资料统计，纸质包装材料占所有包装材料的40%以上。[①] 目前广泛应用于包装的纸质包装材料是纸浆模塑和蜂窝纸板。

虽然按照生命周期理论纸质包装材料的来源和生产过程不环保，但纸质包装原材料也来源于可再生的草木及植物茎秆，加之生产过程中可以注重生产废弃物的处理，总体来看，纸质包装材料的绿色环保性能是非常好的。近几年，不断有新的绿色新型纸质包装材料出现，为绿色环保材料的研究提供了更广阔的发展前

---

① 刘林，等．中国绿色包装材料研究与应用现状 [J]．包装工程，2016 (3)．

景。目前纸质包装材料引用最多的领域是在缓冲包装材料领域中，防止产品在运输过程中被冲击损坏等，常见的纸质包装材料有纸浆模塑制品、蜂窝纸板、瓦楞纸板等。

纸浆模塑包装材料是以废弃纸制品或植物纤维（植物秸秆）为原料，在特制的模具上经真空吸附成型，后经干燥冷却而成的包装制品。生产纸浆模塑制品的原料绝大多数以废纸或植物纤维为主，废物利用不但减少了资源消耗，减少了环境污染，还大大降低了成本，使用后的废弃物可回收再利用造纸或继续做纸浆模塑制品，可自然降解作为肥料，即使焚烧也不产生有毒气体，所以纸浆模塑产品是世界各国公认的无污染、科技型绿色环保包装制品。

蜂窝纸板是由2层面纸和1层芯纸复合加工而成的全纸质包装材料，是性能优越的代木首选环保材料，具有强度高、质量轻、缓冲性能好、环保等特点，是一种夹层结构的新型环保节能材料。

2. 可降解材料。可降解材料是在自然环境作用下，经过自然吸收、消化、分解，从而不产生固体废弃物的材料。可降解材料形式多样，主要有光降解、生物降解和光—生物双降解三大类。光降解材料即在光照的作用下能自行降解的材料，如光降解塑料。生物降解材料即在自然环境中一段时间内，可以在微生物分解的作用下由大分子材料分解为小分子材料。通常这些微生物包括细菌、真菌、藻类等。人们通常使用的纸、一次性餐盒，一次性塑料水杯都属于生物降解材料，能够在更短的时间内实现降解。光—生物复合型降解材料可以在自然环境中完全降解，因此也叫环境降解材料。这类材料主要包括天然的木材、植物、某些人工合成的塑料等。

可降解塑料是指在生产过程中加入一定量的添加物（如淀粉、

改性淀粉或其他维生素、光敏剂、生物降解剂等），使其稳定性下降，易在自然环境中降解的塑料，目前正在发展中的有淀粉基可降解材料、聚乳酸可降解塑料、水溶性塑料薄膜等。生物降解塑料可以被微生物（如水、土壤中的藻类、细菌、霉菌等）分解，且对环境和人的身体健康最终没有影响。其根据降解程度的不同分为完全和不完全生物降解塑料。其中完全生物降解塑料主要由纤维素和淀粉等植物高聚物为原料通过特殊工艺加工而成。荷兰科学家通过将大麻纤维和农作物淀粉混合，成功研制出了一种可降解生物塑料，我国也有以农作物玉米为原材料的"玉米塑料"，被人们称为"神奇塑料"，这种生物塑料用于食品包装的整个过程对人体无害，且不含任何石化产品，可完全降解转化成土壤所需的肥料，在食品包装中显示出很大的优势。

可降解塑料因其独有性能，可以随时间推移自发性的降低分子量，最后转变成二氧化碳和水，与大自然融为一体。大力开发可降解塑料是当前科技的大方向，它能在保留传统塑料的特性和功能性之外，又能降低对环境的危害，现已在食品、机电产品、杂货或工具类外包装上面得到了较多的应用。

3. 可食性包装材料。可食性包装材料是以淀粉、蛋白、纤维、脂类等食品级可再生资源为原料，采用先进的专用设备和工艺制造的一类新型食品包装材料。可食膜是以可食性生物大分子物质及其衍生物为主要基质，辅以可食性增塑剂加工而成，是一种无废弃物的资源型包装材料，可使资源得到最大限度的利用，同时具有环保特性。天然的可食性膜，以可食的天然生物大分子物质为基材，也是一种可持续的包装资源，常见的可食性膜基材有蛋白质、多糖和脂类。可食性包装膜、可食性保鲜膜是当前可食性包装的主要应用类型。较为常见的是糖果内层包装的糯米纸，还有甜筒下面的玉米烘烤包装杯。

4. 竹纤维包装材料。"竹"作为包装材料在我国很早就被广泛实用，它具有生长速度快、生命力强、硬度好等特点，在自然环境下又易降解。竹对我国生产生活有着深远的影响，中国以"竹子的国度"享誉世界，竹在南方产量极高，应用悠久且广泛，常被用于盛放液体和生活用品包装，现代食品包装中，竹可谓是"减量化"包装的首选，竹节包装易密封保存，竹篾编织包装省材又节能，深加工后的竹纤维包装材料更易于广泛使用。

相比常用的木材包装材料，竹材克服了木质包装的缺憾和局限性。第一，国家的森林覆盖率不断降低。第二，某些国家对于木质包装的产品进口上有限制，不利于进出口贸易的进一步发展。鉴于这种局面，必须寻找到能够代替木材的材料，广泛开发绿色包装市场。而竹子无疑是首选之材。首先来说，竹子的生长周期比树木要短很多，成材率也更高，因其特性比较方便成型，在很多方面有着良好的应用，而且相对廉价实惠。另外，应用竹材进行包装，可以利用竹子的特有性能进行减量化，比如做成有空洞的竹篮，应用在蛋类产品、鲜蔬水果等的包装上面。竹包装还能实现多次利用，即便用完以后，还可以作为燃料，燃烧后的产物能在土壤中进行自然代谢，对环境毫无污染，且有一定的改善土质的作用。因此，竹材是不可多得的天然绿色材料。

5. 3D打印技术。3D打印技术是现代科技发展的产物，可能经常会看到3D打印技术在航空航天、医疗生物等高精尖领域使用，其实3D打印在包装行业，如容器与包装材料的成型方面也大有用武之地。在产品的设计和包装方面，3D打印技术提供了颠覆式的创新和节能方面的突破，根据模型文件3D打印可以使植物材料通过计算机的严格控制和具体指令，打印出高规格的真实物体。包装中，3D打印机多用于整个设计流程中原型构建的阶段，可以有效节省成本，因为它不需要制作模具，只要具备图纸和原材料，马上就可以拿到设计的实物，大大缩短了生产周期。而且通过 3D 打印可以快速调整和修改产品设计，甚至可以在几天内完成从设计到完成包装制作的过程，能够为企业节省大量的时间和金钱。3D 打印为产品的定制和概念的实化开拓了巨大的发展潜力，3D 打印技术简便的操作也为 3D 打印技术的推广提供了巨大的空间。总的来说，这一技术为包装设计提供概念验证的可能性，大大节省了设计和制造的成本，随着未来 3D 打印技术的发展，3D 打印在包装行业的推广和发展潜藏巨大能量。

（四）绿色包装设计与加工

绿色包装设计成为未来商品包装发展的必然选择。包装企业和包装设计师应积极采取应对措施，发展绿色包装产业。绿色包装设计理念应贯穿产品生产、销售和流通的整个过程。在绿色包装设计中，包装设计师要综合考虑材料、结构、装饰等设计要素的统一，重视包装减量化，避免过分包装。将设计重点放在创新上，充分考虑经济、生态和社会效益的统筹安排，以一种更为负责的方法去创造产品的形态，尽可能地延长产品使用寿命，同时将包装的生命周期拓展为从原材料制备到包装废弃后的回收处理及再利用。

《中华人民共和国清洁生产促进法》对产品的包装设计提出明确规定：包装物的设计应充分考虑产品整个生命周期对人类健康和对环境产生的影响，应优先选用无毒、易降解或便于回收利用的方案。从绿色包装设计所涉及的具体内容来看，包装在设计的过程中始终要以环境可持续为主要目的，致力于对环境政策的遵守，并通过建立规范的体系来控制包装设计的整个生命周期。还要不断研究并开发新的用于绿色包装设计的材质，通过技术有效改善包装污染的现状，不断提高可降解、无污染、循环复用和回收再利用率。将综合预防的环境策略持续地应用于生产过程和产品中，减少对人类和环境的风险性。使用清洁能源和可再生能源，降低物料消耗，采用清洁高效的"无废或少废"生产工艺。

（五）妥善处置包装废弃物

我国包装废弃物约占城市固体废弃物的1/3，并且还在以每年10%的速度增长。包装产品70%以上为一次性使用，使用后即成包装废弃物。建立包装废弃物回收系统，保证各种包装废弃物得到有效的收集与处置，减少包装废弃物对环境的污染，减少垃圾对环境的污染，促使包装废弃物回收再利用，将其变为再生资源是包装工业急需解决的问题。国家制度的支持具有关键作用，政策制度的支持使绿色包装的发展更加理性化，激发消费者的利己性，提高消费者的绿色环保意识。

首先，政府出台支持包装废弃物回收的财税和收费政策，把相关措施法律化、规范化。通过立法强制性限期禁用或限制使用对环境有害的包装材料，规定各生产企业对各自的包装废弃物进行回收处理，采取谁污染谁治理，并规定不同的回收级别，回收良好的企业可以给予减税，回收不达标和回收不积极的企业实行严格的交税制度。其次，加强全民包装废弃物的回收意识，建立科学的回收体系。促使生产者主动采用绿色环保包装，简化包装的形式，在源头上减少垃圾量，减轻后续治理的负担，最终建成绿色包装工业体系。提高消费者保护资源的自觉意识，引导包装材料的使用者在选购商品时关注商品包装是否符合环保要求，自愿选择绿色包装商品。最后，通过专门从事回收利用的企业以及作为消费者的社会一般公众共同参与和努力，才能建立包装废弃物回收体系，以改善我国的落后现状。

【专家论道】

快递业的绿色发展之路任重道远

国家邮政局发布的 2016 年《中国快递领域绿色包装发展现状及趋势报告》显示，2015 年，全国快递消耗快递运单约 207 亿枚、编织袋约 31 亿条、塑料袋约 82.68 亿个、封套约 31.05 亿个、包装箱约 99.22 亿个、内部缓冲物约 29.77 亿个。根据有关部门的预测，到 2020 年，全国的快递总量将达到 500 亿件，大约包含 200 亿个塑料袋以及 70 亿个气泡袋。不言而喻，巨量的包装材料带来了巨大的资源浪费和数以亿级的垃圾产生。数据表明，我国目前快递纸箱回收率不到 20%，包括透明胶带、气泡膜、塑料袋等在内的包装物大部分会被送进垃圾场填埋。值得警惕的是，这些包装的主要原料为聚氯乙烯，需经上百年才能降解。如果焚烧，则会产生大量污染物。过度包装和二次包装、使用不环保的劣质包装材料，以及包装回收再利用难等，禁锢和阻碍着快递业的绿色发展。因此，提高快递包装回收率，推广和使用绿色包装，推进快递业向绿色转变，十分必要且迫在眉睫。

据国家邮政局近日发布的《2016 年度快递市场监管报告》显示，2016 年我国快递业务量已达 312.8 亿件，同比增长 51.4%。这些快递包装基本上都是"一次使用，用完就扔"。尽管一些电商平台开始采取使用可降解包装材料，设置快递包装回收点等措施，但是解决快递包装垃圾问题还任重道远。在互联网新型商业模式高速发展形势下，政府必须加强监管，从顶层设计着手，搭建一个可回收的"逆向物流体系"，走循环利用之路。

要彻底解决包装污染问题，必须从多方面着手。在源头上，使用可生物降解的材料和材料减量化设计；在制造过程中，配合水性油墨等环保型油墨，减少污染气体的排放；在后期回收过程中，制定一套完备的回收系统，通过再回收、分类、资源化等一系列方法，对塑料包装进行多次重复利用，降低塑料残渣对环境的损坏。

发展绿色包装不仅仅是为了减少"白色污染"，实质上，它是改善人类生活、维护人类健康和促进生态平衡的大事。绿色包装作为环境友好型包装方式，无论从短期还是从长期来看，对人类发展都是有益的。由于绿色包装往往需要较先进的绿色工艺与较为昂贵的环保材料，采取绿色包装措施短期内会增加相关企业的生产成本，并削弱其竞争力。但从长期来看，绿色发展的理念是不可逆转的时代潮流，一方面率先开展绿色包装技术的研发和储备，有利于增强企业竞争力；另一方面，如同其他新技术和新产品的采用一样，基于绿色包装技术的生产伴随生产规模的扩大以及技术的改善能够实现规模经济，使相应的成本降低到初始水平甚至更低。

消费者是包装废弃物的主要产生者，只有消费者树立良好的绿色观念，才能真正促进绿色食品包装的发展。当消费者了解绿色包装的含义，清楚绿色包装对生活环境的有利影响，就会在选购产品时除了注重质量，还会注意商品包装的环保与绿色。消费者愿意选择有利于保护环境的生活方式和消费方式，能够促使生产厂家主动采用绿色环保包装以迎合消费者心理，促进商品销售。

绿色消费是生态城市建设的必然选择，也是健康社会发展的必然趋势。随着当前消费问题对环境危机造成的巨大压力，应着力改变消费模式，从而解决全球的环境危机问题。人类在发展进程中不断地生产、消费、再生产、再消费，不断探索新的生产模式和消费模式，绿色消费作为人与自然界关系理性思考后的重新定位的消费模式出现。人类与自然界的关系，从某种意义上讲是人类的消费行为、消费模式对自然界的开发、利用或破坏的关系。绿色消费强调适度节制消费模式，此种消费模式将引导传统生产模式向循环经济生产模式转变、产业朝着绿色化方向发展，这正是建设生态城市的基础，坚持可持续发展战略的有力保障。

问题五　绿色消费有哪些新发展

　　绿色是当今时代的标志性符号。企业追求绿色经营，消费者追求绿色消费，社会追求绿色生活，绿色发展已经贯穿到社会经济的方方面面，渗透到各行各业，成为现代生产生活方式发展的新趋势。随着"互联网＋"的发展，移动互联网、大数据、云计算、物联网等新一代信息技术与绿色产品的跨界融合，"互联网＋"赋予绿色消费新机遇，发挥了宣传绿色理念、促进绿色消费、引导绿色生产、打造绿色流通、推动绿色发展五大功能。"互联网＋"为绿色商品流通提供了便捷高效的渠道，而绿色消费的增长趋势对生产端具有拉动作用，给生产端带来新的增长机遇。在互联网基础上创新的"共享经济"引领了新一轮的商业革命，新经济、新业态繁荣发展。随着技术的不断创新，绿色产品、绿色消费模式也将不断创新，为绿色消费市场带来巨大的发展潜力。

一、互联网＋绿色消费

（一）互联网＋绿色产品

　　2015 年 3 月 5 日，李克强总理在《政府工作报告》中首次提出"互联网＋行动计划"，意味着"互联网＋"时代的来临。国务院提出"互联网＋行动计划"，目的是通过新一代信息技术与传统产业的跨界融合，培育和催生经济社会发展的新动力。运用互联网、物联网、大数据等先进技术，"互联网＋"将有助于解决绿色食品产业发展中的问题，助力绿色食品迈向新的发展阶段。网络购物的蓬勃发展，不仅使消费者购买绿色产品变得方便快捷，也使网络消费成为绿色消费新风尚的引领力量，让绿色消费和绿色生活习惯更加深入人心。

1. "互联网＋"降低了绿色消费的"门槛"。互联网技术的出现，为消费者提供了更为便捷的购买途径，进一步降低了全民绿色消费的"门槛"。生态蔬菜、有机种植作物，节能家电等绿色产品借助互联网平台，正在成为一种消费时尚。电商平台集聚了大量的绿色商品，更好地满足民众绿色消费的需要。根据阿里巴巴、天猫、淘宝平台大数据显示，在 2017 年 1 月到 10 月的十个月中，消费过绿色商品的买家超过 1.1 亿元，绿色商品消费总额已超过 2016 年全年消费总额。换言之，近 1/10 的中国人，超过 1/5 的阿里巴巴平台用户都已开始在阿里巴巴平台上购买绿色商品。越来越多的消费者支持绿色事业，购买和拥有生态自然、节约能源、健康无害的绿色产品已经从理念变成现实。绿色商品消费，已经从过去的小众消费、高端消费逐渐走向大众消费、全民消费。

2. "互联网＋"助力绿色产品质量控制。"互联网＋"可以监测全程质量控制技术路线，产地环境质量、投入品使用、标准化生产、产品质检、包装储运等全部生产过程都要符合绿色食品技术标准要求。利用物联网、信息融合传输、大数据和互联网技术，可以构建农业生态环境动态监测网络，通过感知大气、土壤、水等环境因素，保证产地环境质量实时符合绿色食品标准要求；可以实行全程自动控制以及智能化管理，包括智能节水灌溉、农机定位耕种、测土配方施肥、智能病虫害预警、智能分析决策等精准化种植作业，从而保证企业按照绿色食品技术标准组织生产；

利用行业生产大数据，可以实现产品质量监测，使绿色食品管理机构实时发现质量风险；通过物联网、二维码、无线射频识别等信息技术，建立从生产、加工、储运到销售的可追溯体系，可保证产品全程的安全、可追溯。

3. "互联网＋"助力绿色消费推广。互联网技术拉近了生产企业和全球消费者之间的距离，改变了双方的沟通方式。互联网的发展和社交网络的兴起，企业的品牌宣传方式已经从以往的电视、报纸、户外广告等媒介转向依靠情景、体验、口碑等互动式传播。企业通过互联网拓宽了营销渠道，向消费者宣传绿色产品安全、优质和可持续发展的品牌内涵，实现绿色产品的优质优价，促进销售提高利润。消费者可以通过互联网绿色食品可追溯体系、网上互动交流、口碑传播及 O2O 销售体验等多种方式，深入了解绿色产品核心价值，从而不断提升品牌的社会知名度和市场影响力，增强品牌价值，放大品牌效应。企业通过互联网强化品牌深度宣传，提升绿色品牌价值，实现"以品牌引导消费、以消费拉动市场、以市场促进生产"。

（二）互联网＋共享经济

长久以来，人们习惯消费即拥有，拥有代表着成就和社会地位。经济的发展使人民的购买力水平不断提升，消费者购买了大量的产品，但真正被使用的东西却相对有限，大多处于闲置状态。随着科技实力不断增强，产品更新换代加快，99% 所购买的产品在六个月后就有可能被淘汰。因此，造成了资源的极大浪费，使闲置产能和过度消费成为阻碍经济发展的新问题。

随着大众对互联网平台开放性、共享性思维方式的认同，一种带有互联网基因的新经济模式——"共享经济"也走进了人们的生活，引领新一轮的商业革命。共享经济，也称分享经济，是指基于互联网信息技术的发展和普及，能让商品、服务、数据及才能等具有共享渠道的经济社会体系，其主要特征是社会成员分享各自的资源，共同享受经济红利。它作为一种新型的经济模式，改变了过去人们对物品"拥有才可以消费"的观念，它的本质是闲置资源使用权的暂时性转移，也就是将个体所拥有的闲置资源进行社会化利用。共享经济将物品的归属权与使用权相分离，通过互联网平台来发布闲置资源的供给和需求信息，注重对使用权的最大化利用，最大限度地实现资源的有效配置，也减少了垃圾的产生和资源的浪费。共享经济的"闲置就是浪费""用而不占"等理念符合绿色消费理念，有助于在全社会推进绿色生活方式，对解决好当前的生态问题尤为重要。

1. 共享经济实现了闲置资源使用权的转移。"互联网＋"背景下，共享经济平台让社会闲置资源集中进行供需匹配，能够最大限度地利用资源，并产生巨大的经济效应。通过物联网、车联网、智慧城市和交通，在搭建的平台上实现原料用户去中介化共享，降低交易成本。共享经济的本质，在于降低交易成本，使过剩闲置资源经过分割、整合，进而在开放的平台上再次进行交易。共享经济以"不使用即浪费"和"使用所有权"为基本理念，倡导"租"而非"买"，鼓励人们彼此分享暂时闲置的资源，从而达到资源的最大化利用。在共享经济的模式下，消费者的消费观念由强调产品的"拥有"转变为"使用"，由"购买"为主变为"租用"为主。消费者只需花费少量的金钱购买产品中的一部分使用权即可以满足自身需求并带来满足感、幸福感。共享经济的发展一方面变相提升了消费者的收入水平和消费能力，让消费者分享了创新和变革的红利，从而鼓励践行绿色消费理念；另一方面改变了供给结构，扩大了供给来源、增大消费范围，对全社会大量的闲置资源和待开发资源进行深度挖掘和再利用。

2. 共享经济实现了变革性的替代消费。共享经济显著地增加了绿色产品和服务的供给，提高了绿色消费的效率和程度。传统的绿色消费方式往往集中在改进性的减量消费，例如从使用大排量汽车到使用小排量汽车，使用汽车的资源环境消耗减少了，但是消费方式并没有革命性的变化。即使在新能源汽车的场合，用新能源替代了石油作为汽车的动力，但是汽车仍然是汽车，仍然属于在同样的消费方式上的改进。共享经济实现了变革性的替代消费，例如用出租车、公共交通出行替代小汽车出行。这种按需分时租赁的出行方式与当代移动智能结合起来，一定的汽车保有量就可以满足更多的消费需求，用租赁消费替代拥有消费，具有明显的替代意义。由地铁、巴士组成的城市公共交通系统也是典型的替代型消费，由公共拥有的企业来满足社会大众的私人出行消费，用公共化的服务替代私人化的服务。共享经济的更高形式是形成有系统性的分享型社区，不同的人聚集到一起形成实体的或虚拟的社区，相互分享各自的资源，例如网上约车软件的出现，拼车的行为使许多私家车能得充分利用，既解决了居民出行的问题，也促进了节能减排，缓解了城市高峰交通运营压力。共享经济从消费行为的改进提高到生活方式的变革，是绿色消费的创新发展。

3. 共享经济创新了消费理念。共享经济的理念从消费理念、消费模式、消费范围等方面颠覆了原有的商业模式。首先，共享经济改变了"消费即拥有"的观念，而是基于"使用"观念，只为产品的使用权付费，不考虑产品的归属权。消费者可以通过支付一定的费用获得给定的资源共享，满足临时性需求，而不必购买产品的所有权，减轻了拥有产品的额外负担。消费者可以共享私有物品如存储空间、维护修理等，也可以共享某个企业提供的产品，如汽车租赁等。其次，共享经济通过再次利用来延长产品的生命周期，使物尽其用，发挥产品的最大价值。共享经济通过社交网络平台建立了再分配市场，将那些二手的、废弃的物品聚集起来重新分配给一些需要的人。人们将闲置的服装、饰品、书籍、玩具等二手物品出售给其他消费者重新利用，减少资源浪费。最后，共享经济可以实现无形资产如时间、空间、技能和资金等的分享和交换。志趣相投的消费者可以实现生活方式的共享，包括共享办公室、共享技能、共享旅游资源等。

4. 共享经济有助于传播绿色消费理念。共享经济不仅能够实现闲置资源的利用，而且可以加强人们之间的联系，促进人际关系的发展。以互联网形式将闲置资源共享给有需求的用户，在低成本的条件下改善了人们的消费体验，也提升了人们的生活品质。这种便捷、有效的绿色共享经济模式，使不同群体和不同领域的用户可以全面感受到共享经济带来的便利。共享经济模式通过互联网快速普及和传播，能够向用户贯彻环保、绿色消费等理念和生活新方式。绿色共享经济模式提倡合理利用社会闲置资源，这对于促进其他行业的转型和发展具有明确的导向作用。

共享经济的发展还需要多领域的努力与协作。第一，政府要完善相关法律法规，建立有效的监管机制和问责制度，加强引导和对平台的监管，协调好共享经济和传统经济的利益关系。第二，建立健全社会信用体系，营造诚实守信的氛围。提高失信成本，加大对失信行为的惩治处罚力度；建立专业的信用评级机构，协助第三方平台完善信用评价。第三，共享经济平台要积极完善安全保障和信用保障，配合政府和信用评级机构，采用线上线下相结合的方式，防止信用评价体系存在漏洞。同时也要防止平台泄露消费者隐私，只有提升整个社会的信用程度和诚信水平，保证个人信息数据、个人隐私保障安全，才能在共享平台上更安心进行交易。第四，鼓励消费者广泛参与，只有人人参与的情况下，财富才会被创造，否则共享也难以持久。第五，共享经济的发展需要供需双方共同努力，生产企业利用共享经济运行特点，引入绿色供应链，推进绿色产品在共享平台上的开发、流通、消费，是未来的发展方向。

【专家论道】

共享经济带来的绿色变革

移动互联网快速发展、第三方支付兴起、大量新技术的出现等带有互联网基因的新经济模式，减少了信息不对称，降低了交易成本。2015 年全球移动智能手机用户数量突破 19 亿人，艾瑞咨询统计数据提到，2015 年第三方支付规模超过 31 万亿元，LBS 定位、云计算以及大数据等创新技术通过网络连接实现随时随地访问获取、挖掘、匹配数据和预测结果，为供需双方提供优于传统商业组织的产品和服务，大大提高了闲置资源的利用率、提高了交易撮合率，并降低了交易成本。

截至 2016 年 12 月，我国网民规模达 7.31 亿人，其中手机网民规模达 6.95 亿人，而网络购物用户规模已达 4.67 亿人。移动互联网和智能手机的普及，使人们的沟通交流更加便捷，也更容易分享各自的信息，影响和改变着人们的工作和生活方式。人们不再受时空限制，可随时随地发布或寻找所需要的产品或服务，实现快速对接点对点的供给与需求。在此基础上，共享经济范围迅速扩大，逐步向世界延伸，向各个领域发展，已经渗透到衣、食、住、行等方方面面。据信息化研究部公布的《中国分享经济发展报告 2017》的数据显示，2016 年我国分享经济市场交易额约为34520 亿元，比上年增长 103%。未来几年分享经济仍将保持年均40% 左右的高速增长，到 2020 年分享经济交易规模占 GDP 比重将达到 10% 以上。普华永道估计，主要共享行业如汽车共享、人员配备、音乐视频、住宿和金融等领域的全球收入，到 2025 年将增至 3350 亿美元。随着可共享领域的扩大，共享经济产业规模迅猛扩张，人们在公共物品（铁路、公路、图书馆等）、人力资源、技术装备、信息资源进行分享，分享能使人获得内心的愉悦，也能增强人与人之间的信任，使人们在这种新的绿色方式中收获心灵的回馈。

资料来源：周文蕾. 共享经济模式助力绿色经济发展［J］. 中国乡镇企业会计，2017（8）；中国分享经济发展报告 2017［EB/OL］. http：//www. sic. gov. cn/news/250/7737. htm. 2017 - 03 - 02.

二、绿色金融

绿色金融是金融理论、金融实践和环境保护相结合的一个新概念，在国外也被称为可持续金融。《美国传统字典》对绿色金融进行了定义，认为绿色金融是研究如何使用多样化的金融工具来保护生态环境及保护生态多样化，达到经济发展与环境保护的协调，实现经济可持续发展。目前，绿色金融工具多样化，尤其是在欧美等西方国家的水资源、废弃物、能源、建筑等领域得到了蓬勃发展。

绿色金融最早可追溯到 1970 年世界银行在内部设立的环境事务顾问。1974 年前西德设立了世界上第一家环境银行。1991 年波兰也成立了环保银行。1995 年联合国环境规划署出台了《联合国环境署保险业环境举措》，1997 年又发布《银行业、保险业关于环境可持续发展的声明》，这是签字银行和保险公司对环境和可持续发展的国际公开承诺。2003 年 6 月，国际金融公司与世界著名金融企业共同发起了"赤道原则"，这是商业银行在自愿原则的基础上，在项目融资方面全面地考虑环境因素的国际金融行业基准，并为项目融资中环境和社会风险评估提供了一个框架。"赤道原则"虽不具备法律条文的效力，但已经逐渐成为国际项目融资中金融机构的行业准则和国际惯例。它已经由花旗银行等7个国家的10家国际领先银行率先宣布实行。目前，全球已有包括汇丰银行、花旗银行、巴克莱银行在内共计36个国家的83家金融机构先后宣布接受和采纳"赤道原则"，其业务遍及全球一百多个国家，其项目融资额约占全球项目融资总额的80%以上，极大地促进了全球绿色信贷市场的发展。

（一）绿色金融的新发展

1. 绿色债券。绿色经济发展对绿色信贷存在巨大需求。绿色信贷是银行为那些绿色的、低碳的企业或项目提供信贷资金支持。绿色债券是绿色金融的重要组成部分。国际绿色债券延续了2013年以来的高速增长趋势。根据气候债券倡议组织（CBI）的统计，2017年全球绿色债券发行期数超过1500期，发行规模达到1555亿美元，发行规模较上年增幅高达78%，创造年度发行规模的新纪录。①巴黎气候大会后，美国、英国以及众多发达国家和世界环保组织都提出必须把"绿色金融"作为投资的重要参考。

中国是全球三个建立了"绿色信贷指标体系"的国家之一。我国银监会2012年发布了《绿色信贷指引》。2015年12月22日，中国人民银行和绿色金融专业委员会发布了《绿色金融债券公告》和《绿色债券支持项目目录》，将节能、污染防治、资源节约与循环利用、清洁交通、清洁能源和生态保护和适应气候变化6大类、31小类环境效益显著项目纳入，明确了中国绿色债券市场的政策框架，我国绿色债券市场正式启动。2015年12月31日，国家发

---

① 中国绿色债券获各方认可多领域实现新突破 ［EB/OL］. http：// www. xinhuanet. com/finance/2018－03/01/c_ 129819891. htm.

展改革委发布《绿色债券发行指引》。2016 年 3 月 16 日，上海证券交易所发布《关于开展绿色公司债券试点的通知》，积极引导公司债券市场，支持绿色产业发展。自此，中国绿色债券的政策全面落地，绿色债券发展全面起航。

2. 绿色银行卡和个人账户业务。建立统一的环境与社会风险管理体系，有利于将环境与社会可持续发展战略落到实处，使人与自然、人与社会、人与人之间达到真正的和谐。随着"绿色"的概念逐渐渗透到社会各领域，绿色金融产品的需求主体也不再仅仅局限于企业，而是扩展到个人消费领域。因此，很多发达国家很早就将绿色产品和服务范围拓展到企业、家庭以及个人不同层级的群体当中，真正做到了各有侧重，满足了多样化的市场需求。绿色信用卡与个人账户业务在欧洲银行业受到了广泛的青睐，许多银行和信用卡机构纷纷推出了相关服务，通过为用户消费环境友好型产品提供较低的利息率或较为优惠的还款条件、承诺个人存款账户中的存款余额用于符合特定绿色标准的贷款项目、对用户绿色消费进行"积分"并定期给予奖励等引导消费者更多地践行绿色消费。Green Card Visa 是全球第一个将碳减排行动与用户消费行为挂钩的绿色信用卡，目前已在荷兰、德国及一部分北欧国家发行。当用户使用该卡购物时，发卡机构便会自动在碳交易市场上购入与该消费品生产和使用所产生的二氧化碳相应的配额，进行碳抵减；美洲银行也发起了个人账户管理活动，向客户承诺如果选择停止递送纸质对账单，就会向非政府组织提供 1 美元的捐款。再如，巴克莱银行在 2007 年推出呼吸卡，对用户购买诸如节能型设备或公共交通卡等环保产品和服务时，提供优惠的借款利率，同时向客户承诺将税后利润的一半以及消费额的 0.5% 资助给国际节能减排项目，以应对全球气候变化。

3. 绿色汽车消费贷款。目前，新能源和高能效汽车正在快速发展和逐渐普及的过程中，但由于购置成本相对于普通汽车较高，社会购买力不足。在这样的条件下，欧美市场对清洁汽车的扶持方式逐渐从公共财政支持向市场化的金融支持过渡，具体表现为，推出针对个人购买高能效汽车提供的各种消费贷款优惠产品。如，加拿大的温哥华城市信用社在 2006 年推出低排放汽车优惠贷款业务，对各款低排放车的能效进行评级，并据此设定贷款利率。能效最高的一级车辆的最低贷款利率比普通车辆低 3 ~ 4 个百分点；澳大利亚 MECU 银行的 "GoGreen" 绿色车贷项目将市场上所有的车款都进行了能效和排放评估和分级，并根据能效级别设定不同的贷款利率。这样做有助于全体公民的环境保护意识和绿色消费观念，是绿色车贷形成市场规模、发挥环境效应的重要前提。

4. 绿色保险。绿色保险是绿色金融体系的重要组成部分，发展空间巨大。绿色保险作为一种市场化的风险治理机制，有助于防范环境污染、生态破坏等风险，分担损害赔偿责任，可以将未来的污染成本显性化。2014 ~ 2016 年，国家相继对《环境保护法》《大气污染防治法》和《水污染防治法》等进行了修订，明确了水、土壤和大气污染责任者对第三方造成的损害和须履行的经济赔偿责任，并将环境污染保险的相关内容纳入其中。2013 年初，环保部与保监会联合印发《关于开展环境污染强制责任保险试点工作的指导意见》，提出在 "涉重金属企业" 等高危行业开展 "环境污染强制责任保险" 试点工作。随着生态文明建设的推进，绿色保险产品的创新空间巨大，相继推出物种保护和野生动物公众责任保险、森林火灾保险、经济林作物种植保险、地震保险等险种，绿色保险获得显著发展。

【专家论道】

发达国家的绿色金融发展之路

日本金融界对环境金融商品的开发是比较积极的。2008 年，日本滋贺银行实施了以"碳补偿"为主题的定期储蓄"未来的种子"的金融商品，该金融商品是银行根据顾客存款金额的数量负担相应的温室气体排除量，它是为防止地球温室化效应而设立的，领先于世界其他银行的环境金融商品，是对《京都议定书》第一期的承诺。日本金融机构还针对个人顾客出台了"环境保护＆抗震措施融资"项目，主要是对具有环境保护和抗震措施的电子化住宅、利用天然气和太阳能发电系统的住宅的融资项目。商业银行对建设或购买环保型住宅及抗震型住宅的融资者，会给予贷款资金上的利率优惠。日本还有很多以环境和保护生态为目的的项目及相关的金融商品，参与此项目的企业及个人在银行融资时予以优惠利率贷款。

2008 年，韩国总统李明博在韩国建国 60 周年纪念会致辞中强调了低碳绿色增长的必要性。2009 年，韩国相继出台"绿色新产业促进计划"和"绿色技术的研究开发综合计划"等具体的低碳绿色增长政策。2010 年 1 月韩国制定了《低碳绿色增长基本法》，明确了碳排放权的交易制度，并概括了气候变化对应能源的绿色技术 R&D，以及对绿色产业结构转化给予政策上支援的绿色国土、城市、建筑、交通、绿色生活等系列绿色成长方案。首先，韩国金融机构的绿色金融商品对应的是存款。韩国多家银行从专项金融产品或银行总存款量中提取一定的数额作为支援低碳绿色增长资金，给予低碳绿色增长产业团体。还有韩国银行推出了对参加能源节约活动的顾客，如利用低碳环保交通工具自行车的顾客，给予优惠利率，提供保险金融商品。其次，在提供贷款商品方面，韩国多家银行向环境保护及绿色增长的企业，如建造太阳能发电站的企业，生产 LED 商品的企业，使用轻型汽车、低公害汽车、星期制汽车的参与者和公共交通工具的使用者发放低息贷款、提供利率优惠和各种金融服务项目。此外，韩国多家银行设立了绿色成长贷款、绿色项目融资、绿色私募投资基金、低碳环保基金、信用担保基金和技术信用担保基金等项目，专门为具有绿色增长产业的企业提供资金支持。

此外，英国为推动本国绿色金融发展，由政府出资 30 亿英镑作为资本金成立了政策性银行——英国绿色投资银行，投资重点是具有商业性的绿色基础设施项目。欧盟规定绿色信贷及证券化产品可以享受税收优惠。加拿大银行推出了清洁空气汽车贷款，法国电力公司发行了 19 亿欧元绿色债券，美国银行发行了用于支持可再生能源项目的 5 亿美元绿色债券，很快销售一空，交易异常火爆。

资料来源：张振敏. 中、日、韩绿色金融制度比较研究 [J]. 黑龙江社会科学, 2013 (6)：75 – 79.

(二) 我国的绿色金融发展

目前，我国正在推动绿色金融并已付诸实践。2007 年以来，环保部会同"一行三会"发布了绿色金融的基本框架，2015 年被誉为是我国绿色金融的元年，首个官方名义的"绿色金融改革与促进绿色转型"重大课题正式启动。2016 年初的"十三五"规划报告则明确提出了大力发展绿色金融的重大战略决策部署，包括构建适宜我国国情的绿色金融体系，以及强化绿色信贷直接融资模式的基础上，提出进一步发展绿色债券、绿色基金、绿色股权转让等间接融资性金融产品的诉求，并将构建绿色金融体系这一重要内容上升为我国的重大国家战略。同年 8 月 31 日，中国人民银行、财政部等七部委联合印发了《关于构建绿色金融体系的指导意见》，旨在通过绿色信贷、绿色债券、绿色股票指数及其相关产品、绿色保险、绿色发展基金、碳金融等金融工具和相关政策支持经济向"绿色化"转型。随后的杭州 G20 峰会，更是首次将绿色金融纳入议程，并以实际行动向联合国秘书长潘基文递交了应对气候变化《巴黎协定》的批准文书。这足以体现出我国对发展绿色金融的决心与责任心。

在目前的发展阶段来看，绿色金融主要是绿色信贷。近年来，在监管部门的呼吁和倡导下，我国商业银行大力推进绿色信贷业务，但是绿色保险和绿色证券的发展才刚刚开始，还处于起步阶段。截至 2016 年中，21 家主要银行业金融机构，绿色信贷余额达到 7.26 万亿元，占贷款余额的 9.0%。其中，节能环保、新能源等战略性新兴产业贷款余额 1.69 万亿元，能源环保项目和服务贷款余额 5.57 万亿元。截至 2016 年 3 月，中国绿色债券市场价值达到 2.45 万亿元。商业银行逐步加强对绿色金融的资金投入。2015～2016 年农业银行、兴业银行和浦发银行先后发行了 9.95 亿美元绿色债券、100 亿元和 350 亿元的绿色金融债。截至 2015 年底，兴业银行已累计为 6000 余家企业提供绿色金融融资，共计 8046 亿元；华夏银行为 34 家企业提供绿色信贷转贷 24.23 亿元。[①]

2015 年金融机构发放的绿色信贷余额 8.08 万亿元，在全国贷款总额中的占比已达 10%。根据普华永道发布的报告，至 2016 年 9 月，中国发行的绿色债券已近 1200 亿元，占全球同期发行的绿色债券的 45%。中国已成为全球最大的绿色债券市场。随着我国央行、发改委和证监会相关政策的陆续落地，非金融企业绿色融资工具、绿色熊猫债、绿色政府债等创新产品的逐步推出，2016

---

① 邓巧玲. 我国绿色金融发展存在的问题及建议 [J]. 商场现代化，2017 (6).

年我国绿色债券发行有望达到 3000 亿元。

从绿色金融的市场需求来看，绿色金融的市场前景广阔，发展空间巨大。根据国务院发展研究中心课题组的测算，2015～2020年，我国每年用于绿色发展所需要进行的投资规模大约在 2.9 万亿元。另据相关机构预测，2020 年我国绿色金融的总资金需求规模将达 14 万亿~30 万亿元，而全球到 2020 年，仅清洁能源的投资缺口就将达到 5000 亿美元。[①]

绿色金融对于促进绿色消费的发展具有重要意义。绿色消费要求生产企业转型升级，在源头实施绿色采购，企业会面临技术和资金方面的瓶颈。绿色金融成为推动绿色采购的有力抓手。企业可以充分利用绿色金融这一工具来获得资金融通，参与绿色采购的企业可以通过编制环境核算报告与环境经济收益量化表，以此作为向银行、金融机构融资的凭证。例如银行可以通过评估企业的环境保护与治理情况，针对环评优良的企业进行优先贷款，并享有在贷款期限和利率上的优惠，在碳金融方面控排企业也可以将配额作为一种资产进行抵押获得资金，到期后将配额赎回，将获得的资金流用于改进生产技术和环境管理。这些绿色金融手段都能为绿色转型的企业提供良好的融资渠道，解决企业在资金和技术上的困难，更好地纳入绿色供应链体系中去。

中国金融业除了在绿色信贷和绿色债券这两大领域获得显著发展外，在其他绿色金融领域，如绿色基金、绿色股票、绿色保险、绿色征信、绿色担保、绿色指数等，也有重大进展和突破。其中的体制和机制建设，特别是一些制度性建设，则走在了世界的前列。例如中国工商银行在全球率先开展了"环境风险对商业银行信用风险影响的压力测试研究"，这一成果在全球处于领先地

---

① 潘锡泉. 绿色金融在中国：现实困境及应对之策［J］. 当代经济管理，2017（3）.

位。我们在发展国内绿色金融市场的同时，也在积极开拓国际领域绿色金融合作。2015 年初，中国农业银行成为首家成功在伦敦交易所发行绿色债券的中国金融机构。2015 年 7 月，中国银行成功在境外发行 30 亿美元绿色债券。新开发银行计划 7 月在中国市场发行 30 亿元人民币绿色债券。2015 年 6 月中美建筑节能与绿色发展基金合作意向书正式签署，预计首批募集资金 200 亿元人民币。①

其他绿色金融领域如绿色基金、绿色中介服务机构等的发展空间也很巨大。目前，国内绿色基金发展较为滞后，除了政府主导的几只由公司和银行机构共同发起设立的以 PPP 模式建立的绿色产业基金外，绿色经济发展基金、绿色担保基金、碳基金和气候基金还有待发展。绿色担保、绿色评级、第三方风险评估和鉴定机构、绿色征信体系等绿色中介服务体系十分不健全，基本不能够满足绿色金融的发展需要。伴随绿色经济的快速发展，绿色金融必将迎来更加广阔的发展空间。

【专家论道】

绿色金融带来社会效益和经济效益"双丰收"

我国银行业大力发展绿色金融，动员和激励更多社会资本投入到绿色产业。在有效控制风险和商业可持续的前提下，商业银行积极探索绿色信贷产品和服务创新，在推动企业节能减排、促进产业转型升级、推进生态文明建设等方面开展了大量工作。据预测，2020 年，我国绿色金融的资金需求规模或达 14 万亿元到 30 万亿元，年均融资规模至少 3 万亿元。

目前，中国是全球仅有的三个建立绿色信贷指标体系的经济

---

① 潘为红 . 发展绿色金融的八大动因 [J]. 时代金融，2016（25）.

体之一。银监会数据显示，截至 2016 年 6 月末，21 家主要银行投放的绿色信贷余额达 7.26 万亿元，占各项贷款的 9%；节能环保项目和服务不良贷款余额为 226.25 亿元，不良率为 0.41%，低于同期各项贷款不良率 1.35 个百分点，实现社会效益和经济效益"双丰收"。其中，节能环保、新能源、新能源汽车等战略性新兴产业贷款余额 1.69 万亿元，节能环保项目和服务贷款余额 5.57 万亿元。

与此同时，中国绿色债券市场也在加速发展，已成为全球最大的绿色债券市场。农业银行、中国银行、浦发银行、兴业银行、青岛银行等先后在境内外发行了绿色金融债、绿色信贷资产证券化产品，作为绿色债券市场的参与者，它们不仅得到了商业回报，也收获了良好的社会声誉。

三、绿色采购

（一）绿色采购成为世界性趋势

绿色采购是一种新型政府采购观念，在当今环境破坏导致人类连生存都存在压力的时候，促使人们不得不转变采购观念及采购模式，购买绿色的环保产品。2002 年，南非世界可持续发展峰会提出了推动政府积极开发、采用环境友好型产品和服务的倡议，以解决当前全球普遍存在的环境问题。政府绿色采购受到世界各国政府的青睐与追捧，成为世界性潮流趋势，全球 50 多个国家和地区都在稳步推动政府绿色采购政策，带动了联合国及世界银行这些世界级别的组织也加入到绿色采购的队伍中。

目前，各国在政府绿色采购的概念和内涵的认识上还存在不一致。在日本，称之为"绿色采购"；在欧盟，称之为"绿色公共采购"；而在美国称之为"环境友好型采购"。一般认为，绿色采购是指政府和企业经济主体一系列采购政策的制定、实施以及考虑到原料获取过程对环境的影响而建立的各种关系。绿色采购重点考察节能、节水、环保、低碳以及循环可再生等因素，还包括采购过程中供应商的选择评价和开发、供应商的运作、内向物流、包装、回收、重用、资源的减量使用以及产品的处置等。从采购主体来看，绿色采购可以划分为政府、企业和市民消费者采购，其中政府和企业采购体量大，采购的规模呈现出不断扩大的趋势，是推动绿色采购的重要力量。绿色采购虽然在产品购买初期的成本较高，但绿色采购产品在其后期的产品保养、修复等阶段的成本则较低，从综合成本的角度考虑还是低于普通采购产品的综合成本。

政府绿色采购是指政府在法律限定范围内，采购国家要求的产品或物品的同时，也对环境保护和生态平衡极度的重视，优先选择带有国家绿色认证标志的产品、服务及工程等。政府绿色采购作为财政支出的一种形式，具有调节市场供需，引导绿色消费，扶持和拉动绿色产业的政策功能。传统的采购活动是人们对于采购物品的价格和质量问题的关注度高于环境问题，从而忽略了所购买物品的生产和使用是否会破坏人类和环境的和谐发展。绿色采购强调的是人与自然协调发展的采购观，它改变人们不重视环境、资源和人类发展的错误消费行为和理念，倡导人与自然和谐共处的消费观。政府绿色采购的介入能够应对资源短缺和环境严重破坏的双重压力和挑战，来改善环境恶化资源短缺的严峻情况。

在世界面临环境污染和资源匮乏等问题时，经济较发达的国家率先寻找解决之道，在本国实施绿色采购计划，并积累了很多有效的经验。20 世纪 80 年代初，日本政府最先在再生纸和低公害车的采购方面开展绿色采购活动，随后日本推出《绿色采购法》，指导地方政府、民间组织与团体推动绿色采购。《绿色采购法》促使各级政府优先采购环境友好型和资源节约型产品，并对公众的绿色消费起到了良好的示范和导向作用。目前，日本有83%的公共和私人组织实施了绿色采购。美国政府绿色采购法律体系主要是由联邦法令与总统行政命令构成的。欧盟先后颁布了《关于协调采购水、能源、运输和邮政服务采购程序的指令》（2004/17/EC）、《关于协调政府采购货物、工程和服务程序的指令》（2004/18/EC）、《政府绿色采购手册》等强制性法律文件，明确规定绿色采购的规范和标准。欧盟绿色公共采购所涵盖的环保领域非常广泛，小到计算机大到建筑物，还包括绿色木材制作的办公桌、再生的办公纸张、电动汽车、绿色食品，利用可再生方式生产的电力以及利用高科技环保技术的空调系统等。德国规定政府机构优先采购环保标志产品，产品必须具有耐久性、可回收、可维修、容易弃置处理等。现阶段各国政府采购规模不断增长，对社会经济领域产生的影响日益加深。据统计，欧盟各国政府每年采购额约1万亿欧元，占其国内生产总值的14%左右；日本中央政府每年采购额已达14万亿日元；中国自实施《政府采购法》以来，平均每年以近500亿元人民币的采购规模递增。①

（二）我国绿色采购的发展

我国政府近几年也加大了对企业绿色采购的关注力度，出台了一系列政策法规和具体的采购标准。我国政府采购实行的是清单制，采购清单中的产品主要来源于节能产品清单和环境保护产品清单。2002年，我国颁布了《政府采购法》，主要涵盖了对政府采购范围、主体、采购标准等做了明确规定。其中第9条明确规

---

① 郑雪. 我国政府绿色采购改革问题研究［D］. 首都经济贸易大学，2016.

定,政府采购应当有助于实现国家经济和社会发展的政策目标,包括保护环境。2002 年,我国政府颁布的《中华人民共和国清洁生产促进法》第 16 条规定,各级人民政府应当优先采购有利于节能、节水、废物再生利用等环境与资源保护的产品。2006 年财政部和原国家环境保护总局联合发布了《环境标志产品政府采购实施的意见》以及《环境标志产品政府采购清单》,此后基本上每年该清单都做一次更新,为开发绿色产品采购标准和清单提供了重要依据。2014 年,环保部、商务部和工信部联合发布《企业绿色采购指南》。2015 年 6 月,财政部和国家发展和改革委员会等联合发布《环保"领跑者"实施方案》,促进环境绩效持续改善。2016年,环保部发布《关于积极发挥环境保护作用促进供给侧改革的指导意见》,说明政府对绿色采购重视和支持程度越来越强。

政府采购在各国 GDP 中所占比重都很大。据统计,2015 年我国政府采购规模已经突破 20 万亿元,2008～2015 年我国政府环境标志产品的采购总规模达到 7154.5 亿元,且每年采购总规模在不断提升。[①] 政府绿色采购的范围、规模和种类越来越广,从集中于日常办公用品、计算机设备、传真机、复印机、制冷空调设备等,扩展到公务用车、除草机等大型设备。我国政府大力推广政府绿色采购,有利于我国绿色经济建设,实现我国建立资源节约型、环境友好型的可持续发展型社会的目标。

绿色采购需要政府引导与企业主导相结合。政府通过制度改革、政策引导、信息公开和促进行业规范等方式,推动我国绿色供应与技术进步,带动企业的绿色采购意愿与行为。政府采购的采购产品和采购企业比较集中,采购规模较大,需求稳定性强,便于供应商提供持续、稳定的服务。实施绿色采购可以节约治污

---

① 我国政府采购规模首次突破 2 万亿元 [EB/OL]. http://www.xinhuanet.com/politics/2016 – 08/12/c_1119382968. htm. 2016 – 08 – 12.

成本、增强环境效益，能产生巨大社会效益。随着制度的完善和发展，政府绿色采购将会更加有效地引导产业发展方向，在支持技术创新、节能环保等方面起到率先垂范、引领社会的作用。企业作为市场主体，坚持市场化运作，强化行业自律，充分发挥企业的主导作用。企业应不断完善采购标准和制度，打造绿色供应链。企业要从物料获取、加工、包装、仓储、运输、使用到报废处理的整个过程中考虑节能环保因素，与供应商、生产商、销售商和用户等上下游环节共同践行环境保护、节能减排等社会责任。

（三）政府绿色采购促进绿色消费市场的发展

1. 政府绿色采购带动绿色产业发展。政府绿色采购要从符合国家环境认证标准的产品和服务中选择购买，环境标志产品必须达到节能、环保、低排放、低噪声等标准。这样一来，政府绿色采购不仅可以满足政府采购的需求，还可以增加市场对于绿色节能环保产品的需求，鼓励、刺激环保企业发展，实现产业结构调整，促进绿色产业发展。大规模的绿色采购引领社会的采购倾向，使得创业者和投资者看到绿色产品的商机，愿意将资金投入到绿色生产领域，进行技术创新，开发绿色产品，能够培养一批新型的生产绿色环保产品的企业。

2. 政府绿色采购促进企业转型发展。政府绿色采购既是尊重国家和社会公共利益，也是社会和经济发展政策中对保护环境、维护生态平衡的重要体现。政府绿色采购活动按照严格的采购标准选取符合环境保护标准的产品，有效地推动市场中的现有企业向绿色环保转变。政府绿色采购规模和采购范围不断提升，那些生产传统不环保产品的企业看到政府采购中的商机，会为了生存而自觉向绿色环保转型，升级改造生产出节能环保的产品，并努力争取环境认证。现有绿色企业也会积极改进技术，研发创新，增强其在绿色市场中的竞争力。政府绿色采购提高绿色产品的市场份额，引导绿色消费市场的发展，从而改善我国企业的产业结构，走向可持续发展的生产模式。

3. 政府绿色采购产生示范效应。当前，绿色采购的主体仍然是政府和公共机构，政府作为国家的权力机关、执政机构，其行为对全社会具有强大的影响力和号召力。政府绿色采购在推动国家循环经济的发展的同时也在全社会范围内倡导绿色消费模式，鼓励其他社会机构及个人家庭购买绿色产品，节约资源保护生态。政府率先垂范实施绿色采购能带动龙头企业、品牌企业甚至中小型企业积极进行绿色采购，达到政府和企业共同进行绿色采购的目的。政府的绿色购买行为很大程度影响着普通消费者，引领绿色风尚，使得绿色购买深入人心。政府绿色采购在有效保护环境的同时，还可以激发市场的绿色需求，引导人们放弃奢侈过度的消费理念，倡导低碳环保可循环的生活方式，促进形成健康绿色的消费市场。

4. 政府绿色采购推动国内品牌发展。随着政府绿色采购活动的进一步开展，对不同类别采购产品的评价标准和依据需要不断完善，并逐步与国际采购标准接轨。政府绿色采购对国产化有一定要求，采购范围的增大客观上调动本土品牌参与绿色采购的积极性，对国内品牌企业有带动作用，能够推动本土品牌走绿色发展之路。企业实施绿色采购和绿色生产，不仅有助于提高企业社会形象和知名度，增强员工环境保护的社会责任感；还可以规避欧美等发达国家的绿色贸易壁垒，增强产品国际竞争力。

政府采购规模不断增长，对社会经济领域的影响日益加深。政府绿色采购过程中发挥的导向性及调控性作用不仅影响着消费方向，而且对企业生产什么产品、销售什么产品同样具有导向作用。政府只要在产品和服务的采购过程中，将环境保护的原则贯彻始终，着重购买绿色产品，必然可以使得政府绿色采购成为宏观调控经济的一种手段。政府通过绿色采购，能够对整个经济发展中遇到的问题与不足进行控制，实现经济资源的最优配置，从而形成一种持续有效的现代经济发展利用方式，实现国内经济社会的稳定。

政府绿色采购基于经济因素和环境因素的双重准则。选择政府采购产品仅仅依据产品的价格和使用寿命，无法全面了解产品的环境影响和未来对环境产生的具体效益，所以在考量采购产品经济效益的基础上，还要增加对产品生产阶段、运输阶段、使用阶段以及回收阶段等环境的综合影响的评估，提供详实、可靠的参考依据。同时还要加强对采购人员的培训和培养，使其能够综合了解和掌握采购产品的经济效益和环境效益，做出正确采购抉择。

四、绿色印刷

（一）绿色印刷的提出

传统印刷工艺的制版、印刷、印后加工工艺对环境造成很大危害。从制版工序的胶片和废定影液、电镀液，到印刷过程中的溶剂型油墨、异丙醇润版液、洗车水，再到印后整饰中仍在广泛使用的即涂膜、油性上光工艺等，对环境都存在着污染问题。如印前制版使用的乙酸、甲醇、硝基苯、草酸、氯化锌、糠醛等，都含有有毒化学成分，印刷使用的普通油墨、洗车水等含有铅、铬、汞等重金属元素。传统印刷工艺产生的有机挥发物，在太阳光的照射下会构成氧化物和光化学烟雾，严重污染大气环境，此外，还有废水、固体污染、噪声污染、辐射污染源等很多环境污染问题，不仅对生产工人和印刷品使用者的身体健康构成不同程度的损害，构成的污染和损失也是无法估量的，已引起了国际范围的广泛关注。

绿色印刷于20世纪80年代后期在日本、美国、德国等西方发达国家出现，绿色印刷既是其科技发展水平的体现，也是替代产生环境污染和高能耗的传统印刷方式的有效手段。我国环境保护部和原新闻出版总署从2009年开始逐步实施绿色印刷推动工作。绿色印刷理念的正式提出源自2010年9月，环境保护部和原新闻出版总署共同签署实施绿色印刷战略合作协议。2011年3月，我国第一个绿色印刷标准由环境保护部正式批准实施，自此开始了全行业的绿色印刷产品认证。2011年以来推出多个绿色印刷标准作为评价绿色印刷的技术依据，推动绿色印刷战略的实施。截至2017年11月8日，全国共有1246家企业获得绿色印刷认证，比上年同期增长20%。2016年全行业绿色印刷收入占印刷业总营业收入的比例接近20%。北京地区采用绿色印刷的出版物已涉及60%的出版单位。中小学教科书已连续3年实现绿色印刷全覆盖，各项环保质量抽检合格率均为100%。绿色印刷产品已经涵盖出版物、纸包装、标签、票据、塑料包装等各领域，在优化产业结构、转换增长动力等方面的作用日益突出。

绿色印刷是指采用环保材料和工艺，印刷过程中产生污染少、节约资源和能源，印刷品废弃后易于回收再利用再循环、可自然降解、对生态环境影响小的印刷方式。绿色印刷要求与环境协调，包括环保印刷材料的使用、清洁的印刷生产过程、印刷品对用户的安全性，以及印刷品的回收处理及可循环利用，即印刷品从原材料选择、生产、使用、回收等整个生命周期均应符合环保要求。

一般而言，绿色印刷应具有减量与适度、无毒与无害、无污染与无公害三个主要特征。减量与适度是指绿色印刷在满足信息识别、保护、方便、销售等功能的条件下，用量最少、工艺最简化的适度印刷;无毒与无害是指印刷材料中不应含有有毒物质,或有毒物质的含量应控制在有关标准以下;无污染与无公害是指在印刷产品的整个生命周期中,均不应对环境产生污染或造成公害,即从原材料采集、材料加工、制造产品、产品使用、废弃物回收再生,直至最终处理的生产全过程均不应对人体及环境造成公害。

绿色印刷不仅体现可持续发展理念、以人为本、先进科技水平,也是实现节能减排与低碳经济的重要手段。绿色印刷产业链主要包括绿色印刷材料、印刷图文设计、绿色制版工艺、绿色印刷工艺、绿色印后加工工艺、环保型印刷设备、印刷品废弃物回收与再生等。通过绿色印刷的实施,可使包括印刷材料、加工、应用和消费在内的整个供应链系统步入良性循环状态。

(二)绿色印刷的实现

1. 选择更环保的材料。选用环保的纸张,包括可持续森林认证纸、本色纸、再生纸;使用环保的辅料,如使用水性油墨、植物油基油墨等环保油墨、水性光油,使用免酒精/减酒精润版液、环保洗车水、植物淀粉喷粉,使用不含苯或二甲苯的环保胶粘剂。

【小贴士】

FSC 认证纸张

森林管理委员会是一个独立的、非政府、非营利性组织,是一个较为成熟和完善的森林认证体系,由来自70多个国家的环境保护组织、木材贸易协会、政府林业部门、当地居民组织、社会林业团体和木材产品认证机构的代表组成。其目的是为了促进负责任的全球森林经营,并为由林业操作不善而引起的问题寻求解决方案。FSC森林认证包括森林经营认证和产销监管链认证,前者针对的是森林经营单位，会对森林经营绩效进行考核，证明其达到了可持续经营的要求；后者是对木材加工企业的各类生产环节的所有生产链都进行鉴定，确保最终产品是来自经过认证的经营良好的森林的。FSC 制定了全球统一的《FSC 原则与标准》，对负责任的森林感兴趣的公司和组织提供标准制定、商标保证、认可服务和市场准入，通过认证的企业有权使用 FSC 标志。纸浆厂、造纸厂、印刷厂、地板厂、家具厂等都可以申请 FSC 认证，来证明其产品中所使用的木材和纸张都来自可持续发展的、合法的且允许采伐的森林资源。带有 FSC 认证标志的木制产品，可以向消费者保证产品来自于能满足当代和后代社会、经济、生态需求的森林，而不是来源于濒危树种或非法砍伐的产品。

2. 生产过程节约能源减少排放。生产过程节约能源减少排放是指在印刷生产中节电节水、余热回收、污染物专业处理。在生产过程控制方面，改变能源管线和设施布局降低耗电量；升级印刷技术，减少浪费，提升效率。采用 CTP 直接制版技术，减少生产环节，减少化学物品的使用并减少80% 的 VOCs 排放，还能减少能源消耗，提高印前生产效率。加装"润版液过滤系统""自动橡皮布清洗系统""废气处理系统"等设备，采用集中供气、集中供水、集中供墨系统，减少物料使用，降低废弃物的产生和排放，能给企业带来最直接的利益。

3. 末端治理规范处置废弃物。在末端治理上，主要从废气、废水和危废三方面进行处理。废气的主要来源是油墨、润版液、洗车水、胶粘剂等，可以采用活性炭吸附 + 催化燃烧、UV 光氧催化等离子组合工艺、生物吸附等方法，使治理后的挥发性有机物低于排放标准限制。废水主要来自于废显影液和冲版水（以下简称印前废水）、润版液循环过滤系统后排出的印刷废液（以下简称印刷废水）。印前废水使用低压蒸馏浓缩技术，实现水循环使用，可减少 80% 的液体危废产生；印刷废水采用高分子絮凝架桥 + 生物膜工艺，分离成中水和液体危废。危废主要来自于印前废水和印刷废水治理后的液体危废，及油墨桶使用后的塑料内胆、吸附饱和后的活性炭、擦机布。危废的处置和运输需由有资质的第三方供应商处理。

4. 绿色印刷环境标志产品认证。绿色印刷品在印刷过程中，采用绿色印刷工艺，全程环保，生产出绿色、环保、健康的出版物，切实维护好广大人民群众的健康权益。绿色印刷图书的环保检测指标应符合国家标准 HJ 2503—2011，具有保证人体健康的先进性。绿色环保书籍的检测需要通过 24 项检测标准才算过关，其中有 8 项可溶解的重金属检测，是参考出口欧盟玩具的标准来设定的，有 16 项挥发性有机物的指标则是参照香烟的包装设定的。这些书籍的背后，都有一个"中国环境标志"的绿色小圆标，下面写着"绿色印刷品"。绿色环境标志图形由青山、绿水、太阳及周围的 10 个环构成。绿色印刷环境标志产品认证的要求是：质量符合标准，"三废"排放满足国家或地方的排放标准。印刷企业取得绿色印刷环境标志产品认证标志着企业在环境保护方面已经达到目前国家实施的环境标准规定的先进水平，是值得社会和政府信赖的印刷产品生产者。有环境标志的产品表明该产品不仅质量合格，而且在生产、使用和处理处置过程中符合特定的环境保护要求，与同类产品相比，具有低毒少害、节约资源的优势，不仅不危害人体健康，而且对环境保护也有非常积极的作用。

互联网和大数据等科学技术的不断升级促进了基于"互联网 +"的各种运用，带来了绿色消费领域的创新发展。互联网使绿色产品很容易地进入广大消费者视野，促进了消费结构的进一步调整。共享经济使社会资源得到充分利用，资源消耗大幅度减少，环境效益不断提高，社会财富不断增长，社会成员的幸福感与满足感得到更好的保障。目前共享物品行业涉及雨伞、充电宝、服装、WiFi、器材等细分行业，通过差异化的服务迎合细分的市场需求。以日常出行为代表的刚需类共享服务逐渐成熟，成为公共交通的有益补充。未来共享行业的产品创新或服务的异质性将成为行业发展的突破点。互联网技术有助于建立绿色采购网络系统，公开绿色采购相关的环境信息和绿色商品信息，为相关单位和个人提供绿色采购的重要依据。互联网、信息技术、跨媒体平台等新兴产业的蓬勃发展和国内最严环保法的出台，给传统印刷业带来了不小的冲击。印刷企业要积极面对，更新观念，勇于创新，积极探索与现代科技的融合，利用信息技术、"互联网＋"、智能化管理等，实现转型升级，提质增效，寻求新的发展机遇。

【专家论道】

我国绿色印刷的发展

据新闻出版广电总局印刷发行司司长王岩镔介绍，全国约50％的印刷企业制定了环保制度，采取了环保节能措施；采用绿色印刷的出版物涉及全国40％的出版社；总局质检中心在2016年"3·15质检"活动中对绿色印刷图书质量进行了抽查检测，合格率达100％。

越来越多印刷企业根据绿色印刷的要求，积极行动起来，推行绿色印刷。目前全国有1031家企业获得绿色印刷认证，绿色原辅材料厂商数量和产业规模也在不断扩大。而随着绿色印刷产值的逐年提高，环保技术装备也得到快速发展。在传统印刷升级改造的同时，印刷数字化进一步普及，智能印刷也在如火如荼地成长。目前，我国已研发出纳米绿色印刷技术，从源头上解决了传统制版的污染排放问题。不用感光冲洗，也不产生废水废液，报纸、书籍的版样就可以打印出来。这种纳米绿色印刷技术有分辨率高、节能环保和成本低等优势，在印刷产业和印刷电路板行业产生了革命性变革。

史密斯·皮尔研究所发布最新研究报告《2016-2021 全球标签印刷发展态势》。该报告通过对全球标签市场的持续性跟踪与统计发现，2016 年全球标签印刷市场总额为 345 亿美元。2016~2021 年，该市场将以 5.4% 的平均速度持续增长，到 2021 年产值预计达到 448 亿美元。

尽管印刷企业，特别是书刊印刷企业已经选择了环保的原辅材料，挥发性有机物产生的含量已经较低，但绿色印刷仍需要深入推进。实施绿色印刷需要上下游全产业链深度协同，不断完善绿色印刷的体系和机制，创新环保治理的模式和途径，使其成为全行业的发展共识和自觉行动。

问题六　发达国家如何探索绿色消费

　　世界上很多国家都非常重视绿色消费，采取各种措施推动绿色消费，取得了显著成果，积累了大量有益的经验，值得我们借鉴。一些发达国家积极引导绿色消费理念，通过减少税收、增加补贴、放宽准入"门槛"、组织绿色健康的活动等方式，向消费者普及绿色教育知识，加深人们的环保意识。欧盟优先从可再生能源、碳排放交易体系、低碳创新战略三大路径入手，推动绿色、低碳、节能增长方式发展。美国颁布了《美国资源保护与回收法》《联邦政府采购法》、美国总统第13101号行政命令等10余个行政命令，借助强制性法令及总统命令，要求废弃物减量、资源回收，保障绿色采购的实行。德国运用财政补贴，鼓励新能源消费的发展。日本利用绿色采购相关法律，倡导选购对生态环境负面影响小的商品。加拿大的《环境责任采购法案》、丹麦的《促进可持续的产品采购策略》、韩国的《鼓励采购环境友好型产品法》都通过加强立法，建立环境认证制度，建立绿色采购信息网络等方式，进行了积极的尝试和完善，引导绿色消费市场健康发展。

一、德国发展绿色消费的实践

（一）推动环保标志，加强对绿色消费的引导

1977 年，德国率先推出"蓝天使计划"，并于 1979 年实施"蓝天使标志"，这不仅开创了世界环境标志的先河，而且是截至目前世界上最严格、最成功的绿色标志制度。德国以环保标志作为市场导向，引导消费者购买对环境所产生的不利影响较小的产品，以此鼓励厂商开发、生产环境友好型产品，通过环境政策引导绿色市场以提升环境质量。"蓝色天使"标志由民间和官方共同管理，由德国联邦环境自然保护和核安全部作为标志持有者，联邦环境保护署负责评审产品种类的建议、起草技术报告和标准草案，并参与相关审批工作。而那些组织相关领域专家对技术报告和标准草案举行听证会和拟定"蓝色天使"环境标志产品标准，以及与通过了该环境标志产品认证的企业签订合同并负责日后管理的工作则由作为民间机构的德国环境标志评审委员会和质量与标牌研究会负责。为了确保决策能够充分反映民意，该组织的成员主要来自民间各行各业人员。

（二）利用财政补贴，促进节能环保和鼓励新能源消费

1990 年，德国颁布实施了《电力输送法》，强制电力运营商购买由自己供电范围内的居民生产的可再生能源电力，从法律上保证了每度绿色电力都能进入电网。2000 年，德国又颁布实施《可再生能源优先法》，并出台一系列的生物燃料、地热能等有关可再生能源发展的联邦法规，促进可再生能源的发展。德国政府一直在通过立法和补贴等多种方式推动绿色能源的发展，致力于实现以绿色新能源替代 3/4 的传统能源的目标。

（三）实行产品责任制度，加强对产品责任的监督与管理

德国发展绿色消费的重要手段之一就是实行产品责任制，扩大产品生产者环保责任，并出台相应法规规定企业对其产品承担责任，必须保证产品的全过程实现循环经济的总体目标，联邦政府于1991年6月开始施行《包装品条例》，该条例规定由生产者和包装商共同承担包装废弃物的收集、分选和处理费用，这在世界上尚属首例。1996年，联邦政府又颁布了《循环经济与废弃物管理法》，强制生产者从在包装环节承担环保责任扩展到最大化减少废弃物，致使生产者对自身产品的环保责任延伸至产品的整个生命周期。此外，生产企业还必须在产品出厂时事先承担所有相关费用。事实证明，以上所有法规都有效地鼓励厂商开发、生产环境友好型产品，敦促生产者优先使用再处理后的废料或再生原材料，并尽量减少废料产生，以达到提升环境质量的目的。

（四）制定相关政策，促使绿色消费深入人心

德国绿色消费的促进政策中除了垃圾分类之外，还有征收垃圾处理费和抵押金返还两项专门针对消费者履行环保责任的政策，并且取得了明显的成效。在德国，任何垃圾，包括生活垃圾在内都不能随意排放，居民在丢弃垃圾之前必须缴纳相关的费用。垃圾处理费的征收主要有按户收费、以垃圾处理税或固定费率计算、按垃圾排放量计算三项标准。在此项收费政策实施后，德国每年能够减少大约65%的厨余垃圾。此外，德国政府为最大程度回收商品包装还制定并实施了抵押金返还政策，强制顾客在购买一次性包装回收率低于72%的产品时再额外缴纳抵押金，且当包装或容器容量超过一定标准时还需要支付双倍抵押金，只有顾客按相应要求返还容器，才能收回押金。

（五）发挥市场调节作用，实现废弃物处理产业化

德国以市场化和产业化的运作方式对废弃物进行处理，目前已形成了 WEEE（废旧电子电器）回收处理和 DSD 包装废弃物二元回收两个完备的垃圾回收组织管理体系。

在废旧电子电器产品的回收处理方面，德国实行 WEEE 处理基金制度。德国有 500 多家 WEEE 回收处理企业，提供对废旧电子电器的分类、翻修或简单拆解业务。同时，开展比较综合业务及对危险废物或特殊废物进行专业处理。在具体运作方式上，废旧电子电器的收集和循环体系采取集体竞争模式。废弃物由市政府负责收集，由生产者负责运输、处置和质量保证，并由专业的回收商提供遍布整个国家的回收网络。

DSD 包装废弃物二元回收系统又名绿点公司，是从事包装废弃物回收的专项处理公司。它以收费经营的方式使回收工作顺利进行，由包装产品制造商把包装卖给生产企业进行包装或罐装，生产企业在向 DSD 缴纳绿点费后将绿点标志印在其一次性包装产品上并送往商店销售。消费者消费后的废弃包装由 DSD 投资制作的垃圾收集箱回收，回收后由 DSD 或与其签约的回收商对其分类并用于再生产。据相关资料显示，德国在 1990 年的包装材料回收利用率为 13.6%，但在实行上述废弃物处理产业化模式的情况下，德国在 2009 年的包装材料回收利用率上升到了 91%。①

二、日本发展绿色消费的实践

（一）建立和完善相关法律法规体系，创造良好的社会环境

日本从 1970 年开始着手制定并完善日本环境保护法律体系，

---

① 於素兰等．德国日本的绿色消费理念与实践［J］．学术界，2016（3）．

2000 年出台具有宪法性质的《建立循环社会基本法》。仅在2000 ~
2010 年，日本政府就出台了 20 余部法律法规，支撑循环型经济社
会的发展。目前已建立世界上最为完备的由基本法、综合性法律、
专项法三个层面组成的循环经济立法体系。正是依靠完善的法律
体系，日本的清洁生产与物资综合利用领域的市场体系得以建设。
以《促进建设循环型社会基本法》为根本，以《环境基本法》为
基础，配套《食品回收法》《容器和包装物的分类收集与循环法》
《家电循环法》《绿色采购法》等专项法律，构建了一个生产者和
消费者、中央政府与地方政府通力合作的经济系统。国家、地方
公共团体（即地方政府）、事业者以及国民在合理承担各自责任的
前提下采取必要的措施，合理地负担采取措施所需的费用，从而
发展循环经济、推动绿色消费不断发展，促使日本建成了"循环
型社会体系"。

（二）充分发挥科技优势，发展生态设计

1998 年，日本政府制定了生命周期评估项目的五年规划，并
成功建立了生命周期评估的数据库系统。日本国内普遍以生命周
期评估法作为生态设计的方法，力求使产品在整个生命周期内对
环境的消耗和损害最小。在日本，生态设计已得到广泛普及，日
本的环保节能车技术处于世界领先地位，并通过再生水处理技术
的开发设计实现了水资源的循环利用，还通过运用将厨余垃圾分
解制成肥料的技术，实现了废弃资源的有效利用。越来越多的日
本企业把清洁生产与生态工业等绿色循环生产理念纳入企业的生
产设计过程中，将节能与促进原料和能源的循环利用作为企业的
核心竞争力。

（三）加大绿色补贴力度，以消费端补贴拉动绿色消费

日本政府于 2009 年推行"绿色税制"，旨在通过税收杠杆调

节能源消费。日本于 2009 年 4 月开始实施绿色汽车减税政策和第一期绿色汽车购买补贴制度，对符合标准的新能源车给予 50% 以上的购置税和汽车重量税优惠，并对符合标准的新上牌照车辆给予 10 万日元的补贴，对轻型汽车给予 7 万日元的补贴，大大提升了节能汽车的销售量。对购买资源回收利用设备、购买废纸脱墨、玻璃杂物去除设备、购买废旧塑料再生设备等企业，政府减免部分固定资产税和企业所得税，或享受特别的退税待遇。此外，在日本也有与德国类似的可再生能源发电剩余电力收购制度，主要对日本居民自家住宅可再生能源发电剩余电量进行收购，收购价格随机制定，并直接支付给供电居民。日本政府还对新建住宅和改造住宅实行绿色住宅生态返点制度，对符合节能法所规定的最高标准或与之相当的住宅发放每户 15 万点的生态返点，每点相当于 1 日元，可兑换商场代金券。

（四）推行绿色采购，发展政府、企业、个人的绿色消费

日本通过积极推广绿色采购与鼓励民众购买贴有绿色环保标签的商品，改变与扭转国民的传统消费行为和消费观念，以绿色消费促进绿色生产。为促进绿色采购，日本全国的行政机构、企业、消费者团体在 1996 年组建了"绿色采购网络"（GPN），该网络在运输、电力、印刷、机密文件处理、车检、酒店、信息通信、洗涤、国土绿化、旧纸回收等领域认证了诸多提供环保服务的企业。政府、企业和个人都通过这个网络来进行绿色采购。在政府绿色采购方面，日本出台《政府绿色采购法》，以法律形式使绿色采购成为政府机构的责任和义务，既可获得直接的环保效益，又能产生强大的示范效应，引导和带动普通消费者的绿色消费。在企业生产性消费方面，作为绿色采购网成员的企业应在自己经营环保事业和产业的同时实现所购买原材料的绿色化，以吸引更多

企业加盟绿色采购网。在个人消费方面，日本政府鼓励民众购买贴有绿色环保标签的商品。日本政府自 2009 年 4 月起全面推行"碳足迹"制度，该制度规定食品、饮料、洗涤剂等商品必须标示从原料调配、制造、流通销售、使用到废弃回收 5 个阶段的碳排放总量，以便使消费者更加直观地了解消费过程中的碳排放。政府鼓励绿色采购的思想及行为，有助于改变与扭转国民的传统消费行为和消费观念，以绿色消费促进绿色生产。

（五）制定相关法规，明确企业和消费者的环保责任

日本政府高度重视企业和消费者个体的责任和义务，《推进建立循环型社会基本法》规定消费者以延长使用时间、使用再生产品、协助循环资源的分类回收等方式减少废弃物产生，促进产品循环利用的责任和义务。1998 年，日本出台并多次修订《特种家用电器循环法》，要求由消费者和厂家共同付费，对废弃的空调、电视、冰箱、洗衣机进行再商品化处理。自 2000 年起，消费者在购买上述家电时都要预先支付家电废弃后回收处理的费用，经销商负责回收废弃家电，并送到由家电生产商出资建立的"家电处理中心"将其分解，按资源分类分别进行循环利用，未达标的企业将被处以相应的罚款，有效避免了资源浪费和环境污染。

（六）推出实惠的政策，鼓励民众参与绿色消费

为引导民众购买节能低碳产品与参与生态环保活动，日本政府推出一系列补贴、减轻税率等各种措施鼓励全民开展节能活动，促进国民绿色消费。日本政府 2001 年开始对汽车税施行绿色税制，根据汽车的环保性能减轻税率或者是增加税率。国土交通省还对车辆耗油进行评估，在车体上贴上"符合耗油标准车"以及"符合耗油标准 +5%"等多种绿色标签，供消费者购买时参考。日本

政府自 2005 年开始针对家用电器的消费研究制定相关的经济激励制度。2008 年，日本环境省正式推出"环保积分制度"，规定购买绿色环保产品的消费者可以获得相应的环保积分，消费者可凭借该积分购买其他商品。2010 年 3 月，日本政府将"环保积分制度"推广至节能住宅方面，决定开始接受"住宅节能积分"申请，对于建筑生态住宅或者进行生态装修给予积分补贴，以推动新建或装修有利于节能的住宅。积分除了可以交换节能和环保商品外，还可以获得在全国使用的商品兑换券、购物卡、地区商品兑换券、地方特产等，还可以在装修厨房、浴室和卫生间等时，将积分作为工程费使用。获得的积分，可以作为在同一座住宅同时进行的追加工程的费用。

三、新加坡发展绿色消费的实践

新加坡位居热带，空气湿度高，日平均气温常年保持在 25℃~32℃，少不了空调等制冷电器的陪伴。据统计，在新加坡，超过 75% 的家庭安装了空调，冰箱更是每个家庭必不可少的消暑配备。而环境局的家庭耗电量调查也显示，空调是新加坡家庭最耗电的家电，占一般家庭总耗电量的 37% 左右，其次是电热水器（约占 21%）及电冰箱（约占 18.5%）。因此，为了节省能源，新加坡政府早在 2006 年就通过修订法律推动绿色消费，倡导和鼓励消费者购买节能电器。

（一）施行环境保护及治理法案，引导绿色消费

新加坡将电冰箱和空调强制纳入"能源标签计划"，要求此类电器必须贴上用"对号"所标识的能源标签，以便于消费者识别，"对号"越多就越省电。新加坡政府规定所有进口空调能源标签至

少有两个"勾"。据统计，改用至少两个"勾"的更节能空调后，能为一户家庭每年节省约 100 新加坡元的电费。而三个"勾"的空调机则比一个"勾"的空调机平均一年省电 500 新元，少排放 1400 千克的二氧化碳。政府把水龙头、混水器、小便池、抽水马桶、洗衣机等产品纳入强制省水标签计划。新加坡政府要求只有省水标签至少两个"勾"的洗衣机才能在新加坡市场上销售，不符合标准的洗衣机则必须被淘汰。据悉，两个"勾"的洗衣机与一个"勾"的洗衣机相比，每次洗衣服可平均节省超过 20 升的水。目前已经有超过一万四千种产品标有这样的节能标识。在政府的倡导和强制规定下，新加坡民众也自发倾向购买节能电器。新加坡公用事业局 2014 年的调查显示，当年售出的洗衣机中，79% 为有三个"勾"的高效率省水洗衣机。可见，新加坡的消费者已经养成了购买节能电器的习惯。

（二）大力发展公共交通，力推绿色出行

在新加坡购置一辆汽车价值不菲，仅一张车牌的价格便高达四五万新元，且有效期仅 10 年。新加坡政府还在高峰时段征收拥堵费，让持车成本进一步攀升。为了鼓励节能，鼓励更多的民众选择公共交通，新加坡政府打造了友善成熟的公交地铁体系，为乘客提供方便舒适、体验良好的公共交通系统。每座组屋区下均设有公车站，绝大多数的组屋到公车站的道路都设有遮盖棚，为民众遮挡烈日和暴雨。在鼓励公共交通出行的同时，新加坡政府还对高能耗汽车征收惩罚性税收，并鼓励使用混合动力车，将相当于汽车价格 40% 的税收退还给车主。这样的税收优惠政策旨在鼓励民众节约汽油资源，惩罚浪费行为。

四、澳大利亚发展绿色消费的实践

（一）出台鼓励和奖励补助政策，推动绿色消费

为了保护环境，从联邦政府到各州各领地政府都出台了奖励补助政策，加强了对绿色消费领域的消费端补贴和政策拉动，鼓励和推动澳大利亚民众使用节能环保电器，如冰箱、电视、洗衣机、干衣机等电器的节能型产品来节能节水，鼓励绿色消费。维多利亚州政府就对购买节能型电器产品的消费者提供最高达180澳元（1澳元约合4.74元人民币）的奖励补助。悉尼政府免费发放节能灯泡。人们只需出示驾照等显示有居住地址的证件，就可以领取由政府资助发放的4个一盒的免费节能灯和一个节水型莲蓬头。澳大利亚政府还出台对太阳能热水器的补助政策，凡安装太阳能热水器或热泵热水器来取代电热水器的家庭可获得1800澳元左右的补助。新南威尔士州政府曾对一般家庭在屋顶上装1.5kW太阳能发电板及安装所需费用政府补助一半以上费用，市民自己只需付4000多澳元。此外，还有雨水箱补贴、节水洗衣机补贴、旧冰箱回购补贴、环保汽车补贴等多种多样的节能补助奖励。

（二）颁布强制性政策

除出台鼓励政策外，澳大利亚政府也颁布强制性政策，规定商店销售的电器产品上都要有能耗标识，使民众了解在购买电视、电冰箱、洗衣机、干衣机、计算机、空调等电器产品所标识的不同节能等级能省下多少能源和电费，电器能耗星级网站上可以即时输入即时计算。政府规定无论是公共厕所还是家庭的冲水马桶必须设有两个按钮，一个是半缸水一个是全缸水，以替代过去的只有一个按钮的全缸水的冲刷方式。家里的淋浴莲蓬头也必须改

换成节水型莲蓬头，如果未按规定安装节水型莲蓬头，根据规定租客可以拒付水费，同时房屋租赁中介也会要求房东安装符合节水节电的设施。

（三）政府机构带头执行绿色消费

澳大利亚还非常重视政府机构的自身节能工作，以节约费用、实现减排温室气体的目标。澳大利亚联邦政府规定所有政府机构均要向工业、旅游和资源部报告年度能耗状况，同时向国会提交报告，接受议会和公众的监督。例如悉尼市政府、墨尔本市政府都对其办公大楼进行了大规模的改建，对办公设备、电器设备执行最低能耗标准，采用自然光以减少能耗，推广使用太阳能和其他可再生能源技术，开展生态办公室计划。

发达国家发展绿色消费取得的成果显著，积累了大量有益的经验。这些经验为我国发展绿色消费提供了重要的借鉴。具体说来，第一，这些发达国家都非常重视立法，通过加强立法和完善相关法律法规，借助于法律促进绿色消费的普及，推动绿色消费的发展，为倡导绿色消费提供有力的法律支持。第二，这些发达国家都采取了综合运用经济等手段，给予一定的优惠和补助政策，有效地引导和鼓励绿色消费的发展，推动绿色消费的进程。第三，这些发达国家都明确地划分了消费市场中各方所享有的具体权利与应当承担的责任。通过加强监督，严格控制，规范市场交易参与者的行为。同时严惩违法犯罪的企业与个人，营造发展绿色消费的有利环境。第四，这些发达国家都非常重视绿色产品认证，统一标识，制定明确的绿色标志制度，为消费者选购商品提供可靠的依据。第五，这些发达国家在大力宣传绿色消费方面也做了很多努力。有些国家还成立了专门的工作机构，负责从事推动绿色消费的发展工作。这些机构通过有针对性的宣传活动，传播绿色消费的科学理念以及相关知识，动员相关部门和人民积极参与，引导消费者树立绿色消费意识，更好地发展绿色消费。

【百姓茶话】

英国的绿色消费——爱心商店

英国以污染、治理、再低碳的模式，演绎了一曲绿色发展、低碳经济的历史乐章。绿色消费观念已深入英国普通民众的日常生活。最明显的例子就是一种公益性质的社会企业——爱心商店遍布城乡。在英国被称为 charity shop（慈善商店）、thrift shop（旧货商店）、op shop（二手商店）或 hospice shop（安宁商店）。

慈善商店源于 1886 年，英国救世军的创始人布斯将军在《英格兰最黑暗的时代及其出路》一书中回顾了当时的社会情况，由于有大量物品被浪费闲置，他认为可以通过二次售卖或部分翻新将之循环再用。世界上第一间爱心商店创立于 1899 年的英国，由伍尔夫汉普顿盲人基金会（Wolverhampton Society for the Blind）运营。1947 年开业的 Oxfam（乐施会慈善商店）是影响力最大的一家。据英国慈善商店协会的统计，目前英国全境有超过 7500 家爱心商店，年交易总额在 3.5 亿 ~ 4.5 亿英镑，年收入 1 亿英镑左右。这个数字占英国年零售业总额的 2‰。英国的爱心商店由英国贸易局（Board of Trade）授权，有些属于慈善机构，有些则是专门的独立店铺。这些商店所售物品大多由市民免费捐赠，如搬家带不走的、换季时的多余衣物、收到的派不上用场的礼物等。除了人们捐赠的旧衣、古董衫和婚纱以外，一些商店还售卖食物、手工艺品、家居装饰、玩具、书籍、CD 等，总之生活中有的东西这里应有尽有。商店的工作人员大多为志愿者，因此运行成本低廉，也就能够以较低价格出售物品。而赚取的所得，除了经营成本如租金和水电以外，也大多交给所属的慈善机构。

　　这些爱心商店分属不同的慈善机构，得来的基金运作方向也不同。很多爱心商店都有专门的慈善项目，如以资助垂危病人、推进临终关怀为目的的慈善商店，以资助智障人士、推进慈善助残为目的的慈善商店，以资助无家可归人士、推进社区看护为目的的慈善商店，以资助老人、推进社区关爱为目的的慈善商店以及以乐施会为代表的以资助贫困人群、推进人道关爱为目的的慈善商店，一些慈善商店是公平贸易运动的一员，从事反贫困项目，店内销售发展中国家的手工产品，并将所得投回当地。

　　这些慈善商店采用"前店后厂"模式，即前面是店铺，后面是捐赠物品的维修处理作坊。首先居民自己免费把不穿了、不用的七八成新以上并且没有破的衣服等物品洗干净，送来爱心商店；其次会有店员对捐赠物品进行编号、消毒、熨烫、维修、鉴定、估价、展示等一系列规范措施，使其重新具有使用价值；之后上架低价出售，所得款项用于慈善事业。差不多每个社区都有这样的慈善商店。捐物很方便，街头随处可见旧物回收柜，停车场边也有回收衣服鞋子的大箱子，或者约定个时间把一些不用的旧衣服和物品放在家门口，有专人去收。

　　光顾这些商店的并不都是穷人，有很多是衣着考究的中老年人和衣着时尚的青年，甚至还有不少明星、名人。人们并不觉得在慈善商店购物是穷酸，反而认为这是一种环保、慈善、节约和社区化的生活方式。因为良好的社区环境和凝聚力，富人区和中产区的慈善商店反而人气更旺。在英国，现在已经形成了一种社会文化和风气，购二手物品意味着更支持环保，更富有爱心。在慈善商店消费是一种美德，是在做善事，也是一举两得的事，即一方面支持了慈善事业；另一方面又节省了开支。慈善商店使废旧物品物尽其用，又帮助了需要帮助的人，在节约资源的同时又保护了环境，已经为广大消费群体所接受，连很多外国游客都很喜欢。

资料来源：董必荣. 国外绿色发展模式借鉴——以英国为例 [J]. 毛泽东邓小平理论研究，2016（11）.

一个以"绿色消费者"为中心的时代已经到来，这一群体成长迅速，在用自己的关注和行动向市场释放强烈的需求信号，并带来经济、环境和产业三大价值。随着经济水平和教育水平的不断提高，消费者对环境保护和绿色发展的关注度也不断提升，互联网技术有利于信息的透明化，消费者主权也在崛起，这些因素都推动绿色理念进入大家的视野。投资者会投资绿色企业，制造业会生产绿色商品，商家会推广绿色商品，消费者也会关注绿色商品，推动绿色产业链升级和形成，绿色消费市场呈现高速增长的趋势。

经过20多年的发展，消费者的绿色消费意识不断提高，越来越多的人表示自己非常关心资源环境问题，愿意选购有益于环境的产品，愿意在日常生活中开展节约用水用电、低碳出行绿色消费。但现实情况中的绿色消费意愿并不等于实际绿色消费行动的产生，消费者的绿色消费行为意向与最终的绿色消费行为之间存在明显差距，只有少部分消费者将积极态度转化为实际的消费行动。消费者作为绿色消费的市场主体，对于绿色消费市场的健康发展意义非凡。消费与生产相辅相成，是构成经济活动的主要过程。消费涉及消费者、企业和社会团体各主体，如果消费者的绿色消费态度不能有效转变为绿色消费行为，不仅会使政府与企业的努力付之东流，造成技术浪费，而且会使绿色生产企业的产品投产失效，付出高昂的代价，严重伤害企业承担社会责任的积极性，最终阻碍绿色消费的推进。当市场失灵时，政府的政策干预能够填补市场机制的不足。政府政策的规范约束、经济规划的激励引导和宣传教育的支持保障能够增加市场的信心和期望，提高消费者和企业的参与意识，形成人人参与、人人有责的良好互动机制。只有消费者不断提高绿色消费意识，并将积极消费意愿切实转化为实际绿色消费行动，才能和政府、企业形成多位一体、多管齐下，有效推进绿色消费。

附　录

绿色消费，您体验了吗

1. 在阅读本书之前您了解绿色消费吗？
   A. 没听说过　　　　　　　　B. 不太了解
   C. 知道一些　　　　　　　　D. 很了解
2. 您是否关注自己的消费行为对环境的影响？
   A. 总是　　　　　　　　　　B. 经常
   C. 很少　　　　　　　　　　D. 从不
3. 您对绿色消费的态度如何？
   A. 支持，但视情况而定　　　B. 非常支持
   C. 无所谓　　　　　　　　　D. 反对
4. 您认为绿色消费是指下列哪项内容？
   A. 绿色消费就是从自身角度来说的经济消费
   B. 绿色消费就是从环保角度来说的"无污染"消费
   C. 绿色消费就是从消费场所、消费产品角度来说的安全消费
   D. 绿色消费就是可持续消费
5. 您认为有必要进行绿色消费吗？
   A. 有必要　　　　　　　　　B. 没有必要
   C. 不知道
6. 您认为绿色消费包括哪些内容？
   A. 节约资源，减少污染
   B. 绿色生活，环保选购

C. 重复使用，多次利用

D. 分类回收，循环再生

E. 保护自然，万物共存

F. 珍惜时间，充分利用

G. 勤俭节约，节省开支

7. 您最关注的绿色消费领域是什么？

　A. 绿色服装　　　　　　　B. 绿色食品

　C. 绿色房产　　　　　　　D. 绿色交通

　E. 绿色家电　　　　　　　F. 绿色家具

　G. 其他

8. 您一般通过以下哪些方式获取绿色消费知识？

　A. 电视、网络等　　　　　B. 媒体、书籍、报刊等

　C. 课堂教育　　　　　　　D. 宣传海报

　E. 家人、朋友、同学　　　F. 产品包装

　G. 其他

9. 以下行为，您能做到几项？

　A. 了解相关的绿色消费知识

　B. 具有丰富的绿色消费生活常识

　C. 总是主动关注绿色消费的最新信息

　D. 有购买绿色环保物品的习惯

　E. 在家里总有能够循环使用物品

　F. 去超市会自备塑料袋的替代品

10. 日常生活中您的绿色行为有哪些？

　A. 节约用水，随手关闭水龙头，洗菜、淘米水二次利用等

　B. 节约用电，电视、计算机等电器使用完毕随手拔下插头

　C. 垃圾分类处理，不乱扔垃圾

　D. 尽量少的使用一次性用品

11. 您购买绿色食品、节能家电等绿色产品吗？

    A. 只购买绿色产品   B. 经常购买绿色产品

    C. 偶尔购买绿色产品   D. 从不购买绿色产品

12. 在购买产品时，您没有选购绿色产品的主要原因是什么？

    A. 绿色产品的价格太高

    B. 不会识别绿色产品

    C. 绿色产品和普通产品区别不大

    D. 绿色产品不可靠

13. 在超市购物时，你会选择哪种购物袋？

    A. 几毛钱，还是要塑料袋，方便

    B. 使用环保购物袋

    C. 自己带塑料袋，将以前的循环使用

    D. 其他

14. 您主要是通过以下哪种方式来辨别绿色产品？

    A. 环保标志   B. 媒体广告宣传

    C. 产品信息辨别   D. 品牌

15. 您购买家电时，是否会关注家电上标注的"中国能效标识"？

    A. 从来不会

    B. 作为选择家电的首要考虑因素

    C. 有时会

    D. 在价格能够接受的前提下考虑

16. 生活中，下列哪些标识会成为您选购商品的依据？

    A.

    B.

C.

D.

E.

F.

G.

H.

I.

J.

17. 您所居住小区的垃圾分类工作如何开展？

    A. 分类垃圾桶　　　　　　B. 指定公司上门回收

    C. 小区内设有垃圾回收站　D. 完全不分类

18. 您家的生活垃圾是如何处理的？

    A. 分类后将垃圾投放到垃圾箱

    B. 直接将垃圾投放到垃圾箱

    C. 随意扔了

19. 您未对垃圾分类处理的原因是什么？

    A. 太麻烦，耽误时间

    B. 没有分类回收的设施

    C. 垃圾没有必要分类

20. 您经常叫外卖吗？

    A. 经常   B. 有时

    C. 偶尔   D. 从不

21. 您去饭店就餐时、桌子上经常剩很多菜吗？

    A. 经常   B. 有时

    C. 偶尔   D. 从不

22. 您在拥有私家车的情况下，还会使用公共交通或人力方式出行吗？

    A. 经常   B. 偶尔

    C. 从不   D. 视情况而定

23. 单面打印的纸张，您会把另一面作演草纸或者便笺纸使用吗？

    A. 经常   B. 有时

    C. 偶尔   D. 从不

24. 您会重复使用自来水，比如用洗脸水洗脚，然后再冲厕所吗？

    A. 经常   B. 有时

    C. 偶尔   D. 从不

25. 在洗衣服时，您会多放洗衣粉或洗衣液，并漂洗到没有泡沫为止吗？

    A. 经常   B. 有时

    C. 偶尔   D. 从不

26. 您是否会选用无磷的洗衣粉？

    A. 从不   B. 很少

    C. 有时   D. 经常

27. 在办公或公共场所，您洗手之后倾向于选择哪种干手方式？

    A. 自然风干   B. 烘手机

  C. 擦手纸   D. 均可

28. 您了解我国环境保护方面的法律法规吗？

  A. 非常了解   B. 了解一些

  C. 不了解   D. 没听说过

29. 您认为目前我国绿色消费在哪个方面有所欠缺？

  A. 法律法规   B. 公众意识

  C. 商家行为   D. 均有

参考文献

［1］盛馥来，诸大建．绿色经济——联合国视野中的理论、方法与案例［M］．北京：中国财政经济出版社，2015．

［2］诸大建．绿色消费——基于物质流和消费效率的研究［J］．中国科学院院刊，2017（6）：547－553．

［3］王珏．服装绿色设计理论及评价体系的研究［D］．青岛：青岛大学，2005.5．

［4］关烨纬．绿色包装设计对消费者行为的影响［D］．天津：天津工业大学，2017.2．

［5］郑琴．我国绿色消费法律制度研究［D］．绵阳：西南科技大学，2017.5．

［6］吴红岩．我国绿色消费问题研究［D］．长春：东北师范大学，2008.6．

［7］张天舒．中国文化背景下消费者价值观对绿色消费意愿影响机制研究［D］．长春：吉林大学，2017.6．

［8］郑雪．我国政府绿色采购改革问题研究［D］．北京：首都经济贸易大学，2016.5．

［9］贾蒙蒙．我国政府绿色公共采购的环境效益评估研究［D］．北京：北京建筑大学，2017.6．

［10］董必荣．国外绿色发展模式借鉴——以英国为例［J］．毛泽东邓小平理论研究，2016（11）：72－92．

［11］郭丹丹．科学发展观背景下的绿色消费问题研究［D］．济南：齐鲁工业大学，2013.5.

［12］冯乾．中国绿色金融的理论与实践探索［J］．清华金融评论，2016（9）：62－64.

［13］张振敏．中、日、韩绿色金融制度比较研究［J］．黑龙江社会科学，2013（6）：75－79.

［14］李致远，许正松．发达国家绿色金融实践及其对我国的启示［J］．鄱阳湖学刊，2016（1）：78－87.

［15］麻常雷．国际海洋能技术进展综述［J］．海洋技术学报，2017（8）：70－75.

［16］刘林．中国绿色包装材料研究与应用现状［J］．包装工程，2016（3）：24－30.

［17］张颖慧．基于零污染环保理念下对食品包装设计的探索［D］．北京：北京印刷学院，2016.11.

［18］王滢．可降解材料在包装设计中的应用探讨［D］．武汉：湖北工业大学，2017.5.

［19］王莹莹．城市绿色交通发展对策研究［D］．西安：长安大学，2015.6.

［20］郑仁华．厨房家居用品绿色设计思考［J］．包装工程，2017（6）：120－123.

［21］孙树霞．减少办公环境中有害物质的绿色室内设计研究［D］．西安：西安建筑科技大学，2013.5.

［22］范进金．建筑设计中绿色设计应对策略研究［J］．江西建材，2016（14）：48－50.

［23］刘晓梅．我国绿色发展中的绿色消费模式培育研究［D］．西安：长安大学，2016.6.

［24］李文昌．绿色设计在家电中的应用探析［J］．家电科技，

2016（4）：61 - 63.

　[25] 赵汝江. 国际绿色建筑发展趋势与国内情况 [J]. 山西建筑，2015（8）：235 - 237.

　[26] 杜岩岩. 绿色材料在家电产品中的应用 [J]. 塑料工业，2016（6）：1 - 4.

　[27] 孙楚绿. 产品环境足迹的供应链绿色采购政策分析——欧盟的实践与启示 [J]. 天津大学学报（社会科学版），2017（1）：7 - 11.

　[28] 刘聪. 基于"互联网 +"的农特产品绿色经济平台研究 [J]. 管理观察，2017（15）：33 - 34.

　[29] 路斌. 以政府绿色采购垂范引领绿色发展 [J]. 环境保护，2016（12）：38 - 42.

　[30] 胡雪萍. 绿色消费 [M]. 北京：中国环境出版社，2016.

　[31] 环境保护部科技标准司，中国环境科学学会. 绿色消费知识问答 [M]. 北京：中国环境出版社，2015.